なるための

# 50の秘密指令

ピエルドメニコ・バッカラリオ
エドゥアルド・ハウレギ　著
アントンジョナータ・フェッラーリ　絵

有北雅彦　訳


太郎次郎社エディタス

# 秘密指令リスト

# この本のルール

**まず第一に**：読んではいけない

OK、よくやった。どうやら、どうすればこの本を使いこなすことができるか、わかったみたいだな。自分の信念をつらぬき、つき進めっていうことだ。この本は秘密諜報員、それも真の秘密諜報員になるためのマニュアルだ。いまこの本を読んでいるということは、きみに資格はじゅうぶんある。もうひき返すことはできないぞ。さあ、訓練をはじめよう。

きみがこの本で学ぶことは、ぜったいに忘れちゃいけないことばかりだ。もし、これらの情報をほかに知っている人がいるとしたら、かれらもおそらく秘密諜報員、つまり、ぼくたちがきみよりもさきに情報をあたえた、きみの仲間ってことになる。

この本は、きみの大事なパートナーになるだろう。同時に、きみのミッションの結果が成功だったか失敗だったかを記録する唯一の場所でもある。けっしてだれにもわたしてはいけない。そして、きみがミッションにかかわっていることをぜったいにバラしてはいけない。OK? というわけで、だれにも秘密をもらさないために、この本のかくし場所を考えるのだ。

**よいかくし場所は？**

こんな感じだ。

1— 床板の下

2— いすの裏にテープで貼りつける

3— タンスのいちばん下の引き出しの下

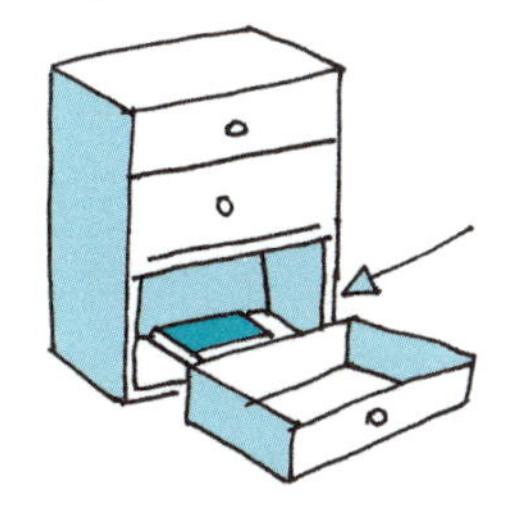

4— ぬいぐるみの中身を出して、かわりに本を入れ、注意深くぬいなおす

逆に、こんなかくし場所はオススメできない。

1— ベッドのかけ布団の下（きみがきちんとシーツを整えていても、大人は直したがるものだ）

2— 本棚にふつうに並べておく（丸見えだ！）

3— カーペットの下（つまずかないかな？）

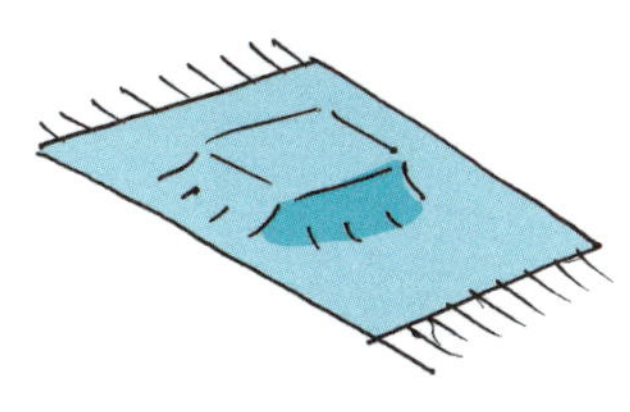

4— スクールバッグのなか（だれにさわられるかわからない）

5— おじさんの車のなか（おじさんがきみの協力者でも、洗車に出すときにほかの人に見られるかも）

6— 猫砂のなか（ネコを飼っていないなら、猫砂があるのは不自然だし、飼っているなら、本がグシャグシャになってしまうぞ！）

できたかな？　ではここで、きみが感じているはずの疑問に答えよう。

**もうはじめていいの？**

——もちろん。すぐれた秘密諜報員の第一条件は、「いますぐ動ける」ってことだ。

**ぼく／わたしのミッションは？**

——大人がやっていることすべてを、ほんとうにすべてを明らかにすることだ。長い冒険になるだろう。危険もいっぱいだし、運だのみの場面もたくさんあるだろう。きみの武器は、勇気と忍耐力。これらがあれば、きみは危険にたち向かうことができる。おそれることは何もない。だけど気をつけろ！　かれらについて大きな声でしゃべっちゃいけない。どこで、だれが聞いているかわからないんだから……。

**大人って、だれのこと？**

——はっきりとは、ぼくたちにもわからない。だけど、きっときみもすでに会ったことがあるはずだ。かれらはきみのまわりのどこにでもいる。きみと同じ家のなかにもいて、あれをやれ、いつやれ、なぜそれをしないといけないか、なんてことを始終うるさく言ってくる。大人はかならずしも悪いわけじゃない。むしろ、ほとんどの大人はやさしくて、親切で、なにかと手をさしのべてくれる。

だけどかれらには、ひとつの共通点がある。かれらがふだん何をしているのか、ほとんど知られていないということだ。かれらにバカ正直にたずねても、はっきりしたことはいっさい教えてくれないだろう。それどころか、自分たちの秘密に近づかせないために、「ダメだ！」「危ない！」「子どもにはまだ早い！」なんて言うばかりだ。

**大人の秘密を探って、どうするの？**

——モテるにはどうしたらいいかを知るんだ。大人の世界には、すべてをスマートにこなし、モテているヤツらがいる。ヤツらの毎日はじつに楽しそうだ。わかるだろう？

ヤツらのなかにしのびこんで、可能なかぎり多くの情報を集めるのだ。任務中は、大人のまねをして、大人そっくりにスマートにふるまう。そうすれば、「モテ」の真髄を体で覚えていくことができるだろう。いいか、これは極秘任務だ。なぜそうしているのかは、ぜったいにバレちゃいけない。

**バレたら、どうすればいいの？**

——いっさい知らないふりをする。笑顔で、最後までしらを切りとおすんだ。この本はきみのじゃなく、だれかほかの子のだって言おう。適当な名前をでっちあげたっていい。逆に、きみが諜報員であると見破った相手に疑いがかかるようにしむけよう。こうやって、だれが犯人なのか、けむに巻く。そして、宿題をやらなくちゃとか言って、その場をたち去る。たいていはこれで切りぬけられるはずだ。

**どこかの諜報機関で働くの？**

——いや、きみは好きなところに、自分だけの秘密情報局をつくればいい。自分の部屋でも、屋根裏部屋でも、木の上につくったツリーハウスでも。はじめに言っておくが、どれだけ楽しくても、きみがやっていることは遊びじゃない。

**途中であきたり、失敗したりしたら？**

——問題は何もない。きみは、ぼくたちが提案するすべてのミッションをやる義務はない。退屈は秘密諜報員の生活にはつきものだし、失敗しても、もういちど挑戦すればいいだけの話だ。だがそれでも、秘密諜報員としてのキャリアはここまでだと自分が判断したなら、この本の177ページを開いて、きみの諜報員としてのタイプがどれなのかを見てみよう。

**ほかにも注意事項がある？**

——いいや、これで最後だ。ここまで辛抱強く読みすすめることができたのなら、きみは本気で秘密諜報員になる覚悟ができてるってことだ。

**ねえ、もうはじめていい？**

——ああ。どういう結果になったとしても、ぼくたちはきみをほこりに思う。

## きみの現実の情報

まず最初にやるべきことは、この下に、きみのきわめて個人的な情報を書くことだ。きみはだれなのか、なんと呼ばれているか、どこに住んでいるか、などなど。うまくできる？　わからない情報がある？　では、家にいる大人のところに行って、質問するタイミングをうかがおう。なんのためかについては、ぜったいに何も言っちゃいけないぞ。すべての情報を手に入れたら、ここに書いてみよう。

### きわめて重要な個人情報

（ほんらい知っているべきだし、秘密諜報員ならかんたんに知ることができるだろう）

本名

住所

| 生まれた場所 | |
| --- | --- |
| 生まれた日 | 生まれた時間 |
| 母親の名前 | |
| 父親の名前 | |
| 住んでいる国 | その国のある大陸（または島） |
| 血液型 | アレルギー |
| かかりつけ医の名前 | |
| 緊急連絡先 | |

# きみの秘密の情報

この本の190ページを開けてみよう。そこに、きみの秘密の情報を書くようになっている。187～190ページを切りとって、2枚を貼りあわせると、秘密の身分証明書ができる。すべての秘密諜報員は、この証明書をひとつ持ってるんだ（2つ以上必要なら、コピーして使うように）。秘密の情報って？ たとえば、こんな感じだ。

**1— コードネーム**

さあ、諜報員としてのコードネームを考えるときがきた。「α」？「カンガルー」？「ゾロ」？ 短くて親しみのもてる、覚えやすい名前がいい。迫力のあるカッコいい名前も悪くないぞ。

**2— 秘密基地**

極秘任務の計画を練るための、いわゆる「アジト」だ。きみの部屋？ 木の上につくったツリーハウス？ よく行くジェラート屋のお決まりの席？

**3— 旗**

秘密基地には旗が必要だ。どんな旗にする？ 思いつかなければ、世界の国旗を参考に、きみだけの旗をデザインしよう。

**4— スローガン（標語）**

きみが共感することばを選ぶか、きみを定義づけることばをつくろう。「ぼくはあきらめない」？「ピッツァ・マルゲリータ大好き」？「人にたよるな！」？ つらいとき、そのことばはきみをふるい立たせてくれるだろう。

**5— テーマソング**

これはかんたん。きみの好きな歌の好きな部分にしよう。

秘密の身分証明書の内側（188～189ページ）を見てくれ。ごらんのとおり、いくつかの項目が書いてある。それらは、秘密諜報員としてきみが身につけていくべき能力を表している。ひとつのミッションをこなすたびに、これらの能力を何ポイントか獲得できる（各ミッションの最後に、「経験値」をチェックせよ）。ポイントの数だけ、○と を ぬりつぶそう。10ポイント、20ポイントとたまったら、小メダルを獲得できる。30ポイントの大メダルを獲得できたら、その分野のマスター（達人）になったという証だ。すべてのミッションをクリアしたら、きみは最高の秘密諜報員だ！

8つの能力とそれを表すメダルは、つぎのとおり。

**●道具をあつかう力**

いろいろな道具を使ったり、自分の手でつくったり、こわしたりするのを学ぶことで獲得できる能力。あらゆるタイプの道具がふくまれる。

**●敵のなかで生きぬく力**

きみのじゃまをしてくるだれか（家族や、きみにほえる近所の犬や、そのほかいろいろ）をうまくかわしたり、自分の身を守る必要があるミッションにいどむことで獲得できる能力。

**●家のなかで生きぬく力**

家のなかのさまざまなことを知ることで得られる能力。料理や、そのほかいろいろなことがふくまれる。

**●ねばり強い忍耐力**

デキる秘密諜報員には必要不可欠な能力だ。けっしてあきらめず、最後までやりとげるがまん強さが必要なミッションで獲得できる。

**●人を気づかう力**

自分やほかの人に気を配り、その安全や健康を気づかうようなミッションに挑戦することで得られる能力。

**●コミュニケーション力**

新しくだれかと出会ったり、だれかのことをさらに深く知るためのミッションで手に入る能力。

**●ゼロから生みだし、楽しむ力**

よいアイデアが必要だったり、意外な方法で楽しんだり、何かを生みだしたりすることが求められるミッションで獲得できる能力。積極性も重要とされる。

**●危険にたち向かう力**

自分を傷つけることなく、危険なミッションにたち向かうことで得られる能力。傷ついたときには傷を治すことも、これにふくまれる。

# 協力者

ミッションを成功させるには、ひとりじゃちょっと難しい。だれかの協力が必要だ。身のまわりにいる大人のなかから、きみのスパイを選びださないといけない。いつでもきみの役に立ってくれる「二重スパイ」ってやつだ。ふだんは大人の世界で暮らしているが、きみの極秘任務にも手を貸してくれる。スパイの存在はぜったいに必要だ。

よいスパイはきみの知らないことを教えてくれたり、大人の秘密を教えてくれたり、きみの秘密の情報を守ってくれたりする。信頼のおける人間でないといけない。必要なときにきみを助けてくれて、いかなるときも口を割らない。だれがスパイにふさわしいのかよく考えて、決まったら、この本ときみの極秘任務のことを話そう。もしスパイになることを断られたら、きみが話したことはぜったいにだれにも言わないとちかってもらおう。それか、いまのは冗談だよって笑ってごまかそう。

スパイになることを受け入れてくれたなら、ふたりのあいだで、秘密の暗号をつくることにも賛成してもらわないといけない。きみのスパイに、ミッションに全力で協力してくれって伝える、ふたりだけのサインだ。たとえば、こういうぐあいに。

- 3回くしゃみをする。
- 映画のタイトルを言う。「ああ、〜〜（好きな映画を決めよう）が観たいな！」とかさりげなく。
- 謎のことばを言う。
- そのほか、思いついたことならなんでも。

秘密の暗号を決めて、ここに書いておこう。

それから、難しいミッションを成功させるためにいちばんいいのは、きみと同じような諜報員といっしょに任務にあたることだ。つまり、仲間の諜報員をつくるんだ。仲間の諜報員を見つける方法は、二通りある。

1— きみの親友にこの本を見せて、そのことを話す。その子も秘密諜報員になりたいって言ってくれたら、しめたもんだ！

191ページに秘密諜報員の任命書が3つついている。それをひとつ切りとって、その子にあげる。そして空欄をうめていこう。コードネームもいっしょに決めて、書きこもう。

2— 任命書の裏に、この本の表紙と同じようなイラストがかかれているだろう？　それを見ても、きみの秘密諜報員としての正体がわかる人はいない。ほかの秘密諜報員をのぞいてね。さりげなく学校のきみの机の上に置いておこう。クラスにほかにも諜報員がいるなら、「ぼくもそうだよ」って教えてくれるだろう。同じように、もしきみが、友だちの机にこの目印を見つけて、その子の力になってあげたいと思ったら、自己紹介して仲間になろう！

# 諜報員のアイテム

一流の秘密諜報員は、使う道具も一流だ。たいていはこんなものを使っている。

**時計**

約束の時間にまにあうため、また、大人が毎日、何時に何をしているのかを知るためにも役に立つ。家に帰る時間を知ったり、どこかからどこかへ移動したりするときにも。ストップウォッチがついてると便利だ。

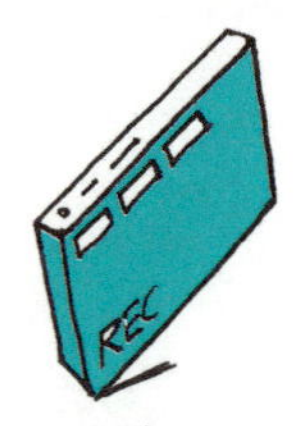


**ボイスレコーダー**

自分のまわりの世界について、目で見えるものだけじゃなく、音も記録しておきたいなら、ボイスレコーダーを使えば便利だ。とても小さいのもあって、デジタルカメラと同じように、メモリーカードでたくさんのことを記録してくれる。メモリーがいっぱいになったら、データをパソコンに移しかえよう。声やそのほかあらゆることを記録してくれる。もちろん、すべてをもういちど聞くことができる！

**パソコン**

パソコンを使いこなすことは、一流の秘密諜報員になるための必要不可欠な能力だ。自分でパソコンを持っている必要はないが、ちょいちょい使える環境にあったほうがいい。きみが何をしているのか、だれも見ていないときにね！（もちろん、きみのスパイはのぞく。）

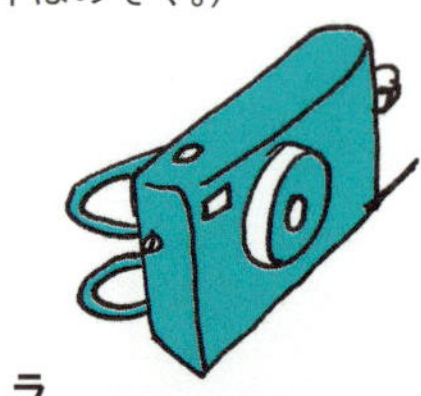

**カメラ**

小さいものがいい。すばやく

ズボンのポケットにしのびこませることができる。シャッターをおすたびにそうぞうしい音を立てないものがいい。

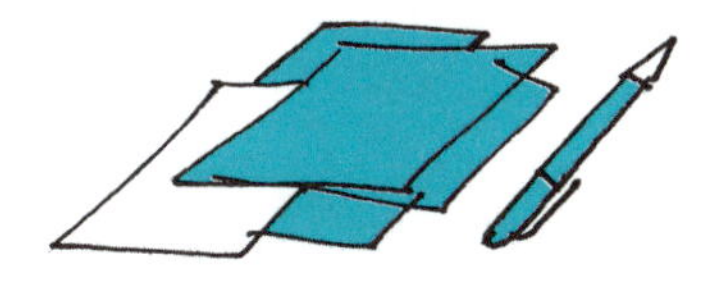

**紙とペン**

これらは、秘密諜報員にとってはなによりもたよりになる仲間だ。小さくてじょうぶな方眼ノートを探して、ポケットに入れておこう。満足できるものが見つからなかったら、「ライトインザレイン」っていうノートを使ってみるといい。雨のなかで書いても、ぜんぜんインクがにじまないぞ！

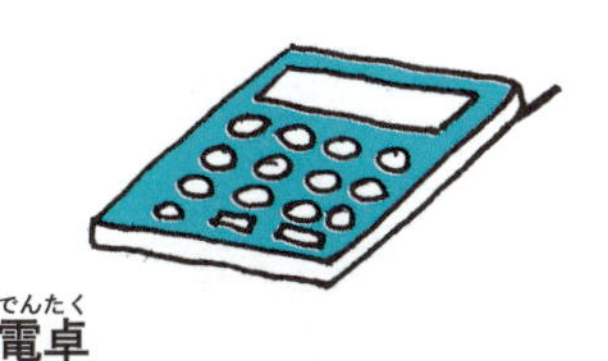

**電卓**

数字を使ったり計算したりする必要があるミッションでは、電卓を使ってみるといい。太陽電池式のものを探そう。電池がなくなる心配がないからね。

**お金**

そう、大人世界のもっとも大きな秘密のひとつは、このお金ってやつだ。きみも自分自身のためにお金をかせがないといけないだろう。なに、何百万も必要なわけじゃない。はじめはほんの少しのお金でいいんだ。しかしそれを手に入れるには、きみのスパイの助けが必要だ。1週間くらい、きみのスパイのために何かをして、かわりに少しだけ報酬をもらおう。ちょっとしたものや、電車やバスの切符を買うことができる。

……え？　ちょっと高価な何か、たとえば最新型のゲーム機なんかを持ってる、お金持ちのいとこがいるって？　もしきみがそんな幸運にめぐまれているなら、つぎのものをおねだりしてみよう（もちろん、任務をこなすのに必要だからだ）。

**ドローン**

遠隔操作で空を飛ぶことができる機械だ。小さなカメラを装備していて、戦いなれている敵を探るのに、とても役に立つ。いろんなタイプが売っていて、値段もさまざまだが、シンプルなものでじゅうぶんだ。だが気をつけろ！　もし見つかったら（モーター音がうるさかったりする）、なすすべなくうばわれてしまうぞ！　そうなったら、とり返すのは至難の業だ！

**スマートフォン**

一流の秘密諜報員は、スマートフォンをおそれている。なぜなら、自分の居場所を他人に知られる可能性がとても高くなるからだ。その便利さは認めざるをえないが、それは同時に、大人がきみを管理しようとする方法のひとつなんだ。かれらはきみがどこにいて、何をしているのか、知りたがる。

居場所を知られたくないときや、呼びだされたくないときは、諜報員マルキーノの偉大なアイデアを使うといい。彼とその仲間は、秘密のミッションにいどむとき、宿題をするからと言って図書館に集まることにしていた。そして、ひとりがその日の留守番係になって、みんなのスマートフォンを預かって図書館で待機する。そのあいだに、ほかのみんなは任務に出かけてたってわけ。こうすれば、GPSで探されても、きみは図書館にいることになるし、電話に出なくても不思議じゃないからだ！

## 危険ポイント

　さんざん言っているように、秘密諜報員の毎日は危険に満ちている。あらかじめ想定しておけるように、きみが出くわすであろう危険のあれこれを、各ミッションの最初にマークで記しておいた。それぞれのマークはこんな意味だ。

わからなくなる

ストレスがたまる

はずかしい

ものをこわす

ケガをする

気持ち悪くなる

あきる

人を傷つける

へとへとになる

興奮しすぎる

お金を失う

高いところから落ちる

時間をムダにする

よごれる

道に迷う

うっとうしい

やけどをする

くさらせる

親におこられる

虫にさされる

鳥につつかれる

ずぶぬれになる

目が悪くなる

電気ショック

はまってしまう

のどがかわく

おなかが減(へ)る

おなかをこわす

精神的(せいしんてき)ショック

トマトを
投げつけられる

警察(けいさつ)に
おこられる

おばけが出る

動物に
おそわれる

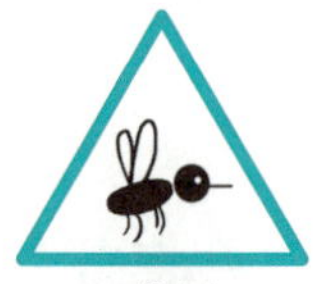

人に迷惑(めいわく)を
かける

爆発(ばくはつ)する

後悔(こうかい)する

# 50のミッション

ミッション
1

# 両親をスパイして、発見したものを報告せよ

このミッションできみは、両親が何をしているのか、正確に明らかにしなければいけない。ほんとうに「正確に」。こまごましたことや、ぜんぜんとるに足らないと思えることでも、すごく大事なんだ。将来、何が役に立つかは、だれにもわからないからね。

では、最初の指令だ。父親と母親（またはどちらか）の行動を7日間追いたまえ！　あらゆるところで追跡するんだ。もちろん、バレないように細心の注意をはらってだぞ。宿題をしたり、本を読んだりしているふりをしながら、近くに座って観察しよう。大人が何をしているのか、いつ、どのようにそれをしているのか、じっくり観察すること。そしてすべてを記録しよう。

わからないことがあったら、気になってしょうがないって顔をして、説明してくれるようお願いしよう。「パパ、だれと話してるの？」「ママ、パソコンの画面のこの数字は何？」ってぐあいに。「きょうは学校で何があった？」って聞かれたら、かわりに「きょうは会社で何があった？」ってたずねよう。できるだけくわしい情報や説明を引きだすんだ。わからなかったこともちゃんとメモしておくこと。

きみがねているあいだにかれらが何をしているのかを明らかにするためには、たぶんいつもより早起きするか、おそくまで起きていないといけないだろう。ちょっと難しい？　もし見つかってしまったら、9ページのアドバイスが役に立つ。

## ミッション・コンプリート！

今回の調査で大人から学んだことを3つ書きだそう。

1.

2.

3.

つづく→

何回、親に見つかった？

0回　1回　2回　3回　もっと

**経験値**(けいけんち)

家のなかで生きぬく力…＋**2**

敵(てき)のなかで生きぬく力…＋**1**

ねばり強い忍耐力(にんたいりょく)…＋**1**

**ミッションに必要(ひつよう)な日数**

**7**

## インターネットで情報収集するのだ

秘密諜報員はすべてを知っている。かりに知らないことがあっても、どこで知ることができるのかは知っている。きみの家に80冊の百科事典がなくて、図書館に住んでるのでもなければ、いったいどうやってすべてを知ることができるだろう？答えはひとつ。インターネットだ。きみはいろんな人にこう言われたことがあるはずだ。「インターネットは危険で、見てはいけないものがたくさんある」ってね。だけど、インターネット上には、見るべきものも同じくらいたくさんあるんだ。では、訓練をはじめよう。以下のサイトを使いこなして、IT忍者になるのだ！※

※パソコンで調べるときに、キーボードを見ずに指が勝手に動くようになったら、きみはもうIT忍者だ！

### 1― グーグル

グーグルは、あらゆるものを探すためのスタート地点になるサービスだ。きみが何か質問をすれば、ちゃんと答えを返してくれる。たとえばこんな質問にも。「もう死んでいて、片方の目は緑色、もう片方の目は栗色の、イギリス人歌手の名前は？」。検索バーにうまく情報を入力して、調べてみよう。だれだかわかったら、その人の歌も聞いてみよう。

### 2― グーグルマップ

インターネット上の地図で、これを使えば世界のあらゆる場所を探すことができるし、そこへの行き方も教えてくれる。名前か、緯度と経度がわかっていれば、建物なんかを探すこともできる（緯度と経度はわかる？　海戦ゲームで位置を表すとき「Cの4」とかって言うだろう？　あんな感じで、縦と横の数字の組み合わせで位置を表すことができるんだ）。「航空写真」や「ストリートビュー」のボタンを使ったら、写真を見ることができるぞ。

では、つぎのものを探してみよう。「ギザの大ピラミッド」「フナフティ島」「ポポカテペトル山」「ベイカー・ストリート221B」「45° 42'12.44"N 21° 18'6.97"W（北緯45度42分12.44秒、西経21度18分6.97秒）」、それからきみの家の住所も！

### 3― フリッカー

これは巨大な画像倉庫だ。入力して調べてみよう。「ストーンヘンジ」「バレエ」「熱帯魚」「笑顔」「宇宙飛行士」。

### 4— ウィキペディア

インターネット上にしか存在しない、世界一大きな百科事典で、だれでも、いつでも更新することができる。有名人や歴史的な事件、場所、科学やテクノロジー、スポーツ、宗教、薬、そのほか、思いついたことすべてを探すのにぴったりな場所だ。つぎのものを調べてみよう。「コモドオオトカゲ」「シャーマン将軍の木」「アリス・リデル」「未確認飛行物体」「セクメト」。どうだい？

### 5— ユーチューブ

まだテレビを見てるのか？　テレビはいったんおいといて、こっちへ来たまえ。そしてすぐに検索してみよう。「ピタゴラスイッチ」「レゴのスター・ウォーズ」「アナモルフォーシス」「車の運転方法」「ギターの弾き方」「子猫」「火山の爆発」。

### 6— 映画.com

ここでは、きみのお気に入りの映画や、映画スターについてのくわしい情報が得られる。信じられないって？　では、調査開始だ！「ミニオンズ」「ハリソン・フォード」「ハーマイオニー・グレンジャー」「スポンジ・ボブ」「トイ・ストーリー」。

**7— ウィキハウ**

ここでは、何かをやるための方法が調べられる。調べてみよう。「犬のしつけ」「トマトの栽培」「マジックのやり方」。

## ミッション・コンプリート！

きみにとって必要不可欠なサイトを5つと、そこに何が書かれていたかを書いてみよう。

1.

2.

3.

4.

5.

**経験値**

道具をあつかう力…＋**2**

敵のなかで生きぬく力…＋**1**

ゼロから生みだし、楽しむ力…＋**1**

**ミッションに必要な日数**

**10**

# Eメールを送れ

秘密諜報員はEメールを送る必要がある。Eメールは仲間の諜報員と連絡をとる最高の方法っていうだけじゃなく、重要なインターネット・サービスにアクセスするために必要なものだ。メールアカウントを手に入れるのはかんたんだ。まずパソコンを立ち上げて、インターネットに接続し、無料のEメールサービスのサイトに行きたまえ。たとえばGmailとかYahoo!メールだ。そこで新しいアカウントを作成する。

最初にやるのは、きみのメールアドレスに使うユーザーネームを選ぶことだ。本名でも、架空の名前をつくってもいい。「farfallapois（水玉の蝶ネクタイ）」とか「robotmaker（ロボットメーカー）」とか、なんだって好きなものでいい。忘れちゃいけ

ないのは、すでに使われている名前がたくさんあるってこと。「ハリー・ポッター」なんて名前をつけたかったら、何かほかのことばを名前の後ろにくっつけたりするといい。数字なんかはオススメだ。たとえば、Harrypotter2987@gmail.com って感じでね。

つぎに、秘密のパスワードを考える。きみだけが知ってるもので、きみのアカウントにログインして、メールを読むために必要なものだ。

できたら、メールアドレスを持ってるだれかにメールを書いてみよう。そして、その人からの返事を楽しみに待ちたまえ！

つぎの大事なルールを覚えておこう。

- きみのメールアドレスは、信用できる相手にしか教えちゃいけない。
- 秘密の情報や、ほかの人に読まれたくないことは、とにかく書いてはいけない。忘れちゃいけないのは、きみが書いたことや送ったことは、あとでだれかに見られる可能性があるってこと。それに、もしかしたらハッカーやきみの親にもこっそり読まれるかもしれない。
- 知らないアドレスから届いたメールは、ぜったいに無視すること。どこかのサイトに誘導したり、商

品を買わせるために迷惑メールを送りつけてくるヤツらがほんとうにたくさんいるんだ。こういうメールは「スパム」って呼ばれてる。ぜったいに返事をしたらいけないし、そこに貼られたリンク（URL）をクリックしちゃいけない。なにより、きみの個人情報をひとつもわたしてはいけないぞ！

## ミッション・コンプリート！

きみのEメールアドレスを書こう。

きみの秘密のパスワードを思い出すためのヒントを書いておこう（きみだけがわかる内容にすること）。

**経験値**

道具をあつかう力…＋**2**

コミュニケーション力…＋**2**

ゼロから生みだし、楽しむ力…＋**1**

**ミッションに必要な日数**

**1**

ミッション
4

# 家にあるもの
# すべてのリストを作成せよ

さあ、きみの親の所有物とそのありかを明らかにするときがやってきた。このミッションは、きみの家にあるものすべてのくわしいリストを書きだすことだ。家のなかを調査して、何があったかを記録する。本、フォーク、ブラシなど、ぜんぶだ。

たとえばキッチンには、こんなものがあるぞ（ほかにもいろいろ）。

- ドアの後ろの角には：ほうき、ちりとり、エプロン
- 棚のなかには：小麦粉、パスタ、米、クラッカー、油……

探すのが難しいのもあるかもしれない。鍵がかかっていたり、すごく高いところにあったりして。くじけるな！　鍵がどこにあるのかも探しだし、頑丈な脚立も使いたまえ。きみのスパイにも聞いてみよう。

もしぜんぶを見つけることができなかったら、しょうがない。大人にだって秘密を守る権利があるんだ。

ミッションを無事やりとげたら、ほんとうの意味でのきみの家の地図が手に入るだろう。大人はいつも頭のなかにその地図を持ってるんだ。もし大人が、何をしてるのかたずねてきたら……、「ドライバーはどこだったかな？　……あった！」とか言ってごまかそう！

## ミッション・コンプリート！

ミッションのなかで見つけた、とくに興味深いものはなんだった？　3つ書こう。

1.

2.

3.

**経験値**

家のなかで生きぬく力…＋**2**

人を気づかう力…＋**2**

**ミッションに必要な日数**

**3～4**

# 1か月間、体をきたえよ

　このミッションは、きみがどれだけがまん強いかを知らしめる絶好の機会になる。肉体トレーニングは、筋力や体力や体調を維持するための基本だ。だから多くの大人は体をきたえている。もちろん、かんたんじゃない。汗もかく。だけど、自分の限界をこえたときの満足感はたまらないぞ。それに、これをきっかけに、きみのなかにねむるチャンピオンの素質が目を覚ますかもしれないぞ！

　とりあえず、1日に少なくとも20分間の運動を、30日間やってみるんだ。それができたら、もっと続けるのは案外らくなもんだ。いつやるか？　きみがやりたいときでいいが、朝のほうがいい。目覚まし時計が鳴る20分前に早起きして、目覚ましが鳴ってみんなが起きるまでの時間に終わらせるんだ。自信がないなら、晩ごはんの少しまえにするといい。水分をたくさんとるのを忘れちゃダメだぞ！

### 1— ジョギング

軽いコースでやるといい。運動靴をはいて、近所をひと回りするか、公園に走りにいくだけでいい運動になる。たとえば廊下を往復したりするだけでもいい。

### 2— なわとび

運動に最適な方法のひとつで、どこでもできる。なわとびさえあればいい。

### 3— 水泳

プールに行くことができるなら、水泳は全身運動のためのもっともよい方法だ。

### 4— 自転車

これは説明不要だろう。

### 5— 階段の上り下り

マンションやアパートに住んでいるのなら、階段の上り下りはとてもいい運動になる。

エレベーターなんて使わずに、毎日階段を往復するのだ！

**6— 少しでも体を動かすスポーツならなんでも**

サッカー、バスケ、テニス、バレーボール、ダンス……。

**7— 太陽礼拝**

インドの賢者によれば、これを毎日7回やるようにすれば、一生、健康でいられるそうだ。どうやるかって？　インターネットで調べてみよう！

## ミッション・コンプリート！

なんの運動をした？

運動をはじめた日は？

**経験値**

ねばり強い忍耐力…＋**2**

人を気づかう力…＋**2**

**ミッションに必要な日数**

**30**

## 手帳を使いこなせ

手帳は、大人たちの秘密道具のひとつだ。使いやすいのは、カレンダーみたいになっていて、それぞれの日が罫線で区切られているタイプだ。そこに大人は、その日にやることを書いていく。スマートフォンやパソコンからアクセスできる、オンラインのカレンダーを使っている大人も多い。でも、クラシックな紙の手帳も、かなり使えるぞ。今回のミッションは、手帳を用意して（きみのスパイにお願いしよう）、それを1か月まるまる使いこなすことだ。やり方は、つぎの指示のとおり。

1— まず第一に、きみの誕生日の欄に、大きな字で「ぼく／わたしの誕生日！」って書きこむ。そのあと、友だちの誕生日、クリスマス、ハロウィン、旅行の予定やそのほか特別なイベントをすべて書こう（パーティー、コンサートなどなど……）。

**2**— 週に1回、1週間の計画とその時間を書こう。授業、課外活動、この本のミッション、友だちと会う約束、などなど……。

**3**— 毎日手帳を開いて、何をするのかを確認しよう。

**4**— もしだれかと約束した日時に、どうしてもほかの用事が入ってしまっても、心配しなくていい。ほかの日に変更してもらえればいいんだ。そうする大人はたくさんいるぞ！

よし、やり方はわかったかな？　では1か月間、続けてみよう。つぎに、この手帳ってやつをすぐに放りなげよう。そうしないと、計画を立てるだけで何もしない、つまらない大人のひとりになっちゃうぞ！

きみの手帳から、とくに予定がいっぱいのページを破(やぶ)って、ここに貼(は)りつけよう。

経験値（けいけんち）

敵（てき）のなかで生きぬく力…＋1

道具をあつかう力…＋1

人を気づかう力…＋1

ミッションに必要（ひつよう）な日数

28～31

## 自分の住む町の地図をかけ

すべての秘密諜報員は、自分のテリトリーを知っておく必要がある。大きな四角い紙と鉛筆を用意したまえ！　そしてきみの家の近所を探検するんだ。すべてを調べあげて、地図に書きこむこと。かんたんじゃないぞ。調べれば調べるほど、そこに書くべき大事なことも多くなっていく。こんな感じだ。

- お店やスーパーマーケット
- 公園　● 銅像や記念碑
- カフェやレストラン　● 郵便局
- ごみ箱（ごみの分別方法を明記したもの）
- お寺や神社や教会

- 映画館や劇場
- ガソリンスタンドやパーキング
- 図書館や文化会館
- バス停（そこを通る路線もすべて書くこと）
- 友だちの家
- そのほか、きみが書いておきたい場所どこでも

知りあいの家や、発見した特別な情報も書きこんでおこう（「この店はぜんぜんおいしくないぞ」とか「この家には幽霊が出るんだ」とか）。

## ミッション・コンプリート！

近所を探検してみて、きみが発見したもっとも重要な情報を書いておこう。

ここに、きみがかいた地図を貼りつけよう。大きかったら折りたたんでもいいぞ！

**経験値**

敵のなかで生きぬく力…＋**2**

ゼロから生みだし、楽しむ力…＋**1**

**ミッションに必要な日数**

**3～5**

ミッション
8

# 長い詩を暗記せよ

何かを覚えるっていうのは、大人の世界では必要不可欠な能力だ。弁護士は法律を、医者はいろいろな病気の症状を、ウェイターは注文の品をまちがわずに覚えておかなければいけない。では、きみが覚えないといけないものとはなんだ？

それは、詩だ。詩は、大人がときどき知ったかぶりをするもののうちのひとつだ。詩人ってやつは、なんだかヘンな、めったに使わないことばを使って、よくわからないことを書いたりする。たとえば、「ぼくは輝く　果てしなく」※――どういう意味か、わかるかな？　OK、心配はいらない。頭で理解することは、

※イタリアの詩人、ジュゼッペ・ウンガレッティの短詩「朝」（河島英昭訳）。

ときにそれほど重要ではないんだ。わかってもわからなくても、そのすばらしさに変わりはないんだから。よし。これは、きみのような秘密諜報員にとって、とてもやりがいのある挑戦になるぞ。

まずは、家にある詩集を探したまえ。もしなかったら、「どうしてうちには詩集がないんだ！」って絶望したあと、気をとりなおして、図書館に行って探すか、インターネットで好きな詩探しをしよう。エミリー・ディキンソン、ジャコモ・レオパルディ、ウォルト・ホイットマン。もしきみに勇気があれば、「神曲」のなかの一節に挑戦してみよう。いずれにしても、きみが選ぶ詩は長くなくてはいけない。どのくらい？　少なくとも１ページくらいかな。

では、静かな場所を探して、はじめよう。詩のはじめの行を何度もくり返して言ってみる。完全に見ずに暗唱できるまでね。同じことを2行目もくり返す。できたら、1行目と2行目をつなげて暗唱してみる。もちろん何も見ないで。それができたら3行目を、さらに1行目から3行目までを。これがテクニックだ。

こうすることによって、詩をすべて覚えることができる。努力と時間が必要かもしれないし、何回もくり返さないといけないだろう。でも最後には、きみ自身びっくりするくらいの成果が上がるだろうし、友だちや、先生や、もちろん

親たちもおどろかせることができるぞ。難しい詩を覚えることができたら、ほかのどんなものでも覚えることができる。ただし、きみがそんなことをしているほんとうの理由は、だれにも言っちゃいけない。

## ミッション・コンプリート！

きみが覚えた詩のタイトルとはじめの1行を書こう。

その詩のよくわからなかった部分を書こう。

**経験値**

人を気づかう力…＋**1**

ねばり強い忍耐力…＋**2**

**ミッションに必要な日数**

**7**

# 古いものを売って、お金をゲットせよ

お金をかせぐチャンスがついにやってきたぞ。きみにそれをすすめるのは、大人がやっていることのひとつだからってだけじゃなく、お金をかせぐのはもっとも難しいミッションのひとつでもあるからだ。では、きみが持っている古いがらくたを売って、お金にかえてみよう。がらくたっていうのは、秘密諜報員とはなんなのか知らなかった小さいころから、ずっときみの部屋にある、本やおもちゃやそのほかいらないもののことだ。

ミッション4をクリアしたのなら、きみはすでに家のなかの迷宮にあるそれらをいくつか探しあてているだろう。よし、では、それらを箱に入れたまえ。そして「売ります」と書いて、道の一角か、子どもやその親たちがよく行く公園に置こう。でも、姉ちゃんのお気に入りのおもちゃや、母さんの婚約指輪をそのなかに入れちゃわないように！

準備ができたら、道行く人を呼びとめて、きみがおもちゃやいろんなものをお得な値段で売っていることを伝えよう。テレビCMを参考にすれば、どうしたらいいか、わかるはずだ。かわいくて、親しみがもてて、やさしい感じでふるまうんだ。ほとんどの人が買ってくれなくても、落ちこむ必要はないぞ。自分を強くもて！　かれらは、せっかくのチャンスを棒に振ってることを知らないんだ。

難しいのは、商品の値段をどうつけるかだ。いい方法がある。インターネットで適正な値段を調べるんだ。「ヤフオク！」でその商品を検索して、それが中古品でいくらで売られているのか、また、「アマゾン」では新品でいくらなのか調べよう。

お客に値段を伝えたら、そのあとで値引きしてあげることも忘れちゃいけない（「値引き」は大人が大好きなことのひとつだ）。きみが言う値段より低い値段を言ってくるやからもいるだろう。それはとても古くからある「値切る」という行為だ。きみが「1000円です」と言えば、そいつは「500円にしてくれ」と言う。そしたらきみは、「かんべんしてくださいよ、700円以下には下げられませんね」と言わなくちゃいけない。おたがいが納得する値段に落ちつくまで、このやりとりは続けられる。また、きみの売っているものと、自分の持っているものを交換してくれ、と言ってくる連中もいるだろう。これは「物々交換」と呼ばれる行為で、場合によっては、とてももうかる可能性がある。

いかなる場合でも、決断をするときは、早急にすることだ。重要なポイントは、真剣になりすぎないこと。きみが売っているものは、もともとはタンスの片隅で忘れられてたものだったんだから。まずは楽しむことをいちばんに！

## ミッション・コンプリート！

売れた品物を5つと、その値段を書こう。

| | 品物 | 値段 |
|---|---|---|
| 1. | | |
| 2. | | |
| 3. | | |
| 4. | | |
| 5. | | |

**経験値**

コミュニケーション力…＋**1**

敵のなかで生きぬく力…＋**1**

ゼロから生みだし、楽しむ力…＋**1**

**ミッションに必要な日数**

**20～30**

# 行きたい場所を5つ選んで、旅行プランを立てろ

世界はとほうもなく大きく、魅力的だ。たぶんきみは、ひとりで旅行するにはちょっと若いはずだ。でも、だからといって、すてきな旅行の計画を立てたらいけないってわけじゃない。きみをひきつけるのはどこだろう？　古い遺跡やピラミッド？

超高層ビル？　奇妙な風習の残ったエキゾチックな国？　野生動物が生息する熱帯のジャングル？　孤独なラクダがときどき行きちがう、静寂に包まれた砂の大地？　すきとおった海と砂浜？　溶岩を吹きだすおそろしい火山？

きみが人生でいちどは行きたい場所を5つ選ぼう。

まずは調査が必要だ。そこに行ったことがある大人に聞いたり、旅行ガイドブックや、本や雑誌を読んだり、グーグルマップで調べたりしよう。

その旅にはいくらかかる？　旅行代理店に聞きにいくか、インターネットの助けを借りて調べよう。飛行機に乗るなら、「スカイスキャナー」を使って、家からいちばん近い空港と、行きたい場所の近くの空港の名前を入力する。ホテルの予約には「ブッキング」が便利だ。

できるだけじっくりと、魅力的なところを回るためには、どれくらい時間がかかるかも見ておこう。そこに行った人の写真も探そう。

紙を少なくとも1枚用意して、地図や写真や、やりたい計画のメモでうめつくそう。

さあ、そこまでできたら、親を悩ませる準備はじゅうぶんだ。なぜって？　きみの行きたいところに連れてってくれるのは、だれだい？

行きたい5つの場所と、滞在中にやろうと決めたことを書きだそう。

| | 場所 | やろうと決めたこと |
|---|---|---|
| 1. | | |
| 2. | | |
| 3. | | |
| 4. | | |
| 5. | | |

じっさいに行ったところはある？　あったらここに書こう。仲間の諜報員が行ったところでもいい。

**経験値**

道具をあつかう力…＋**1**

人を気づかう力…＋**1**

ゼロから生みだし、楽しむ力…＋**1**

**ミッションに必要な日数**

**5**

# イチゴを育てて食べよ

スーパーマーケットで食べものを買うのはかんたんだ。でも、自分で育てた何かを食べるときの興奮を想像してみたまえ！

きみに必要なのは、ただ土だけ。庭の片隅か、植木鉢があればいい。インターネットで調べれば、いろいろな種類の植物の育て方について、たくさんの情報が得られる（たとえばウィキハウを使えば「サラダにして食べられる野菜の育て方」がわかる）。かんたんなものを選ぼう。たとえばエンドウマメ、レタス、ニンジン、ジャガイモ、トマト、でもいちばんいいのは、やっぱりイチゴだ！　9～10月ごろに、種苗店や園芸店でイチゴの苗を5つか6つ買ってきて……。

1— 中くらいの大きさの植木鉢を用意して、3分の2くらいまで土を入れる。そして、底から水が染みだしてくるまで水をやる。

2— 直径7㎝、高さ3㎝くらいの盛り土を指でいくつかつくる。

3— 買ったときに入っていた容器から慎重に苗をとり出して、根っこのまわりについた土をとりのぞく。小瓶に水を入れ、そこに苗を1時間入れておく。

4— さっきつくっておいた盛り土のなかに、いよいよ苗をうめこむぞ。クラウン（茎と根っこのあいだの新芽の部分）を土にうめてしまわないように、浅植えにすること。

5— もういちど、水をやろう。植木鉢の底から水が出てくるまでね。できたら、植木鉢を外に出そう。家のなかでもいいけど、窓の近くに置くこと。イチゴにはたくさん太陽の光を当ててあげないといけないんだ。

6— さあ、ここからが肝心だ。イチゴは毎日世話をしてあげないといけない。土の表面がかわいたら、水をやる。びしょびしょにならないていどに、いつも土をしめらせておかないといけないからね。クラウンにしっかりと水をやらないと、かれてしまうぞ。雑草が生えたらぬいて、最初に咲いた花もむしる。そうすると、根っこが強くなるんだ。

**7**— イチゴの実がなって赤くなったら、やさしくつんで……、すぐに食べるのだ！

## ミッション・コンプリート！

ここに葉っぱを1枚貼りつけて、イチゴの汁を少しだけたらそう。

**経験値**

道具をあつかう力…＋**2**

家のなかで生きぬく力…＋**2**

ねばり強い忍耐力…＋**2**

人を気づかう力…＋**1**

**ミッションに必要な月数**

**7～9**

ミッション
12

# 道路標識の意味を読みとけ

道路標識は、車を運転するすべての大人が覚える秘密のルールだ。町を歩くときにそれらを見かけたら、手帳にメモしておこう。何か気づいた？　そう、道路標識には、丸い形のものもあるし、三角形のものもある。四角いのも、五角形のやつもある。なぜかわかるかな？　親に聞いてみよう。いつものように、学校の宿題だから教えてって言えばいい。それか、きみのスパイに聞いてみよう。そんなのめんどくさいっていうなら、グーグルで「道路標識」って検索してみるといい。検索結果がいっぱい出てくるぞ。それから、きみが住んでいる地域にも注意しよう。北極海にうかぶスピッツベルゲン島では、ホッキョクグマへの注意をうながす道路標識があるし、グアテマラでは「ヘビに注意」っていうのがあるんだ！

## ミッション・コンプリート！

きみのオリジナルの道路標識を考えて、かいてみよう。
（たとえば、「ペンギンが通るぞ！」「迷惑な兄ちゃん・姉ちゃんに注意！」「大人は立ち入り禁止！」とか）

**経験値**

敵のなかで生きぬく力…＋**2**

ねばり強い忍耐力…＋**1**

**ミッションに必要な日数**

**20～30**

ミッション
13

# 大人の遊びを3つ覚えよ

もし、大人の遊びと子どもの遊びを同じようなものだと考えてるなら、それは大きなまちがいだ。ときに、大人は全身全霊をかけてゲームをして遊ぶ。ゲームのなかには、ブリッジみたいに、ルールを覚えるのがとても難しいものもある。チェスや囲碁みたいな、世界中で遊ばれている戦略ゲームもある。また、ポーカーやブラックジャックのように、危険なギャンブルでプレーされ、すべてを失うリスクのあるものもある！　あとにあげるリストのなかから3つを選び、インターネットでルールを調べて、仲間の諜報員と訓練するんだ。

ギャンブルには、賭けるためのチップが必要だ。モノポリーの紙幣や、グミ、小さいフィギュア、インゲン豆、米粒や、フジッリなんかのパスタが使える。

これがゲームのリストだ。

チェス、囲碁、将棋、麻雀、バックギャモン、ポーカー、ブラックジャック、ブラコ、ブリッジ。

## ミッション・コンプリート！

覚えたゲームの名前を、気に入った順に書こう。

1.

2.

3.

**経験値**

ゼロから生みだし、楽しむ力…＋**2**

コミュニケーション力…＋**1**

**ミッションに必要な日数**

(1ゲームにつき3日)

ミッション
14

# 針と糸で服を直せ

先史時代から、人間はぬったり、つぎはぎをしたりして、自分たちの服を用意してきた。とても難しいことみたいに思えるけど、そんなことはない。最悪の場合でも、2本の指に穴をあけてしまうくらいさ。

だけどこれは、きみにとってはとても役に立つ能力だ。きみがきょうだいとケンカしたことを、または、門限にまにあうために、トゲだらけの茂みを大あわてでかけぬけたことを、バレずにすませることができるだろう。さらには、いつでもジャケットにかくしポケットをぬいつけることができる。そうすれば、秘密諜報員としての道具を、そこにすべてしのばせることができるぞ！

1— 長い糸を用意しよう。糸の色は、布の色にできるだけ近いものを選ぼう。きみが必要だと思う2倍の長さで切っておく。

2— 集中して。深呼吸して。手のふるえを止めて、針の穴に糸を通す。うまく入らなかったら、糸の先っぽをピンとさせるために、唇でしめらせる。よし、上出来だ！ では、針が糸のちょうど真ん中にくるようにして、糸の片方の端っこを結んで、結び目をつくろう。ここが糸のおしりの部分だ。

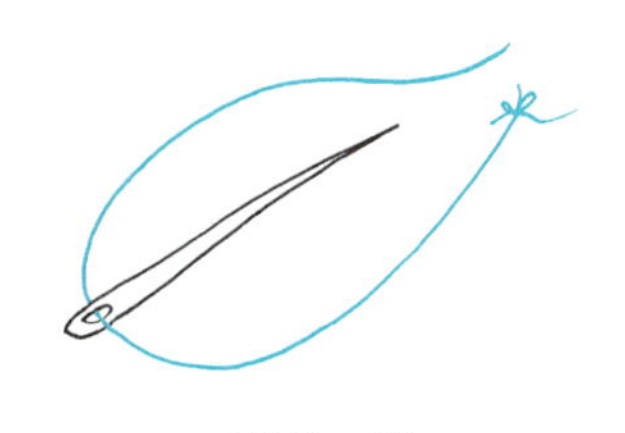

3— 服を裏返しにする。布の裂け目が大きく口を開けてるね。布が少し重なるようにその口をぴたっとくっつける。まずは、その一方の端っこ近くに針を通す。ここがスタートだ。そして、重ねた裂け目の部分に、布の表から裏へ、裏から表へと、何度も針をつきさして、裂け目がふさがるまで針を進めていく。もし途中で糸のおしりの結び目が布地を貫通しちゃったら、こんどは結び目をもっと大きくして、同じようにやってみよう！

4— 裂け目がぜんぶふさがったと思っても、あわててやめちゃいけない。ふさがったもう少し先までぬいつづけよう。ぬい目がきれいな点線になるようにすること。つまり、すべての点（線）がだいたい同じ間隔になるようにね。最後までいったら、だいたいこんな感じになるはずだ。→ - - - - - - - - -

5— 完全に裂け目をふさぐことができたら、針をぬいて、結び目をつくって糸がぬけないようにする。糸のあまった部分はハサミで切る。

## ミッション・コンプリート！

最後(さいご)に切りおとした、糸のあまった部分を貼(は)りつけよう。

**経験値(けいけんち)**

道具をあつかう力…＋**1**

家のなかで生きぬく力…＋**2**

人を気づかう力…＋**1**

ねばり強い忍耐力(にんたいりょく)…＋**1**

危険(きけん)にたち向かう力…＋**1**

**ミッションに必要(ひつよう)な日数**

**3**

ミッション
15

# 電球を交換せよ

このミッションはもっともかんたんに、もっとも早くこなせるもののひとつだろう。でも、もし手順をまちがえば、命の危険をともなうミッションだ。きみはいちどに4つの危険に直面しなければならない。電気ショック、やけどしそうな熱さ、ガラスが割れてケガをする、脚立から落ちる、の4つだ。なのできみは、きみのスパイに監督をお願いしないといけない。

**1**— これは昼間におこなう。さもないと、真っ暗ななかで作業をすることになって、難易度がぐんと上がってしまうぞ。

**2**— なにより大事なことは、作業のあいだ、電球のおしりの金属部分にぜったいに電気が流れない状態にしておくことだ。交換する電球が卓上スタンドライトのものなら、コンセントからコードをぬくだけでいい。しかし、天井か壁にじかに接続するタイプの電球をとりかえるなら、家中の電気をあらかじめ切っておかないといけないし、事前にみんなにそのことを言っておくのを忘れずに。ブレーカーを探してスイッチを切ろう。電気がちゃんと切れたかどうかを確かめるためには、テレビの電源をオンにしてみるといいぞ。

**3**— 電球が壁や天井にあるなら、頑丈な脚立を準備する。なければ、ぐらぐらしない台を。

**4**— 熱くないことを確かめるために、電球のガラス部分に指を近づけてみよう。もし熱くなかったら、軽くさわってみる。

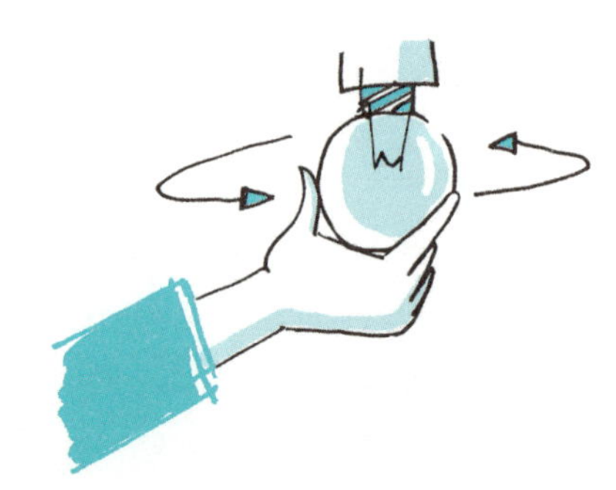

**5**— だいじょうぶだったら、電球をつかんで、反時計回りに回して、ねじをゆるめる。落とさないように気をつけて。とれたら、古い電球は安全な場所にそっと置く。

6— 新しい電球（とりはずしたものと同じV数・W数のもの）を持って、時計回りに回してソケットにはめる。ちゃんと明かりがつくかどうかも確かめること。

7— 古い電球を正しい方法で処分しよう。新しい電球の空き箱につめるか、古新聞でしっかりくるむかして、ゴミに出す。

## ミッション・コンプリート！

電球の箱の切れ端を貼りつけよう。

**経験値**

道具をあつかう力…＋**1**

家のなかで生き抜く力…＋**2**

危険にたち向かう力…＋**2**

**ミッションに必要な日数**

**1**

ミッション
16

## みんなの前で演説するべし

政治家、俳優、音楽家、教師、牧師……。こういった職業の人は、人前で話すことに長けていなければならない。でも、どんな職業であっても、大勢の前で話をしなければならない機会はやってくる。だから、大人たちがどんなふうに演説をしているかを知るのは損じゃないぞ。

演説において大事なのは、きみを熱くさせるテーマだ。なんでもいいんだ。クロサイを保護する重要性、シャーロック・ホームズについて、きみの学校の最悪なところ3つ。聞いてくれる人の存在も重要だぞ。親友？　クリスマスのディナーで家族に向かって？　いずれにせよ、きみは最大限の勇気をふりしぼらないといけない。はじめはちょっとナーバスになるだろうし、場合によっては、めちゃくちゃ緊張するだろう。手にすごく汗をかいて、心臓は早鐘のように鳴りひびき、ことばがうまく出てこない……。だいじょうぶ、それはごくふつうのことだ。だからこそ、このミッションをやりとげる意味がある！

少しでもきみの助けになるように、きみがやるべきことを書いておこう。

**1**— スピーチ原稿を書こう。まずはあいさつをしたり、これから話すテーマについて説明するといいぞ。「みなさん、こんにちは。きょう、ぼくはみなさんに、世界一おいしいあの食べものがどうやって生まれたのか、お話ししようと思います。その食べものとは、ピッツァです！」

はじめにみんなを笑わせることに成功したら、あとはらくだ。ピッツァがなぜおいしいのかや、その歴史を、筋道を立てて説明する。このように、主張を理由とデータで論証することを「立論」という。最後に、ここまでにしゃべったことをひと言でまとめる。そして、感謝をこめて、こんなふうにしめくくろう。「ぼくの話を聞くために、ここに来てくれてありがとう。じゃあ、いっしょにおいしいピッツァを食べにいこう！」

**2**— 書いたものを声に出して読んで、時間を計ろう。10分以上かかるようなら、短くしよう。みんなを退屈させてしまう危険がある。

**3**— 少なくとも10回は鏡の前で練習する。はじめはノートを見ながら。でもときどきは顔を上げて、聞き手のほうを向いてしゃべってみよう（練習のときは、鏡に写った自分の姿だけど）。少ししたら、もうノートを読む必要がなく、思い出す手がかりに使うくらいでじゅうぶんなことに気づくだろう。自然に、でも感情をこめてしゃべってみよう。

**4**— では、しっかりやってくれ！　いや、ここはあえてドラマチックに、このことばできみを送りだそう。幸運をいのる！

## ミッション・コンプリート！

きみの演説のなかで、いちばんよかったフレーズは？

演説のために用意したノートの一部を貼りつけよう。

**経験値**

敵のなかで生きぬく力…＋**1**

コミュニケーション力…＋**2**

ゼロから生みだし、楽しむ力…＋**2**

危険にたち向かう力…＋**1**

**ミッションに必要な日数**

**1**

ミッション
17

# ホームページをつくれ

インターネットのウェブサイト（ホームページともいう）をつくるとしたら、どういうテーマでつくる？　ベンガルトラ？　お気に入りの映画？　庭にいる虫？　妹のつくったおかしなレゴの作品？　さあ、立ち止まってちゃダメだ！　思ってるより、ずっとかんたんなんだから。

1— サイトで紹介するものを決めて、そそられるタイトルをつけよう。「気持ちの悪い虫たち」「スター・ウォーズのすべて」「ぼくの妹のおかしなレゴ・タワー」

**2**— きみが好きなサイトをよく見て、つくりたいサイトのイメージをかためよう。色、フォント（文字の書体）、メニューボタンの位置、写真……。

**3**— 紙にサイトのデザインをかこう。文字までぜんぶ書く必要はないぞ。だいたいの見た目をかくだけでじゅうぶんだ。大まかにスケッチしよう。

**4**— インターネットに接続して、ウェブサイトをつくるための無料サービスを探そう。WixやWordPressなんかだ。ミッション3でつくったEメールアドレスを使って、サービスに登録する。

**5**— さっき書いたスケッチか、きみのお気に入りのサイトになるべく近いデザインを選ぼう。デザインはメインカラー、メニューボタンの位置、テキストのフォント、サイトの全体的な見た目からできている。

**6**— 必要なすべての要素をつけ加えよう。テキストの枠、画像、ボタンとかだ。

**7**— 外枠ができたら、そこにコンテンツ（中身）を入れていこう。テキストを書いて、写真を選んで、メニューの項目に名前をつける。そう、魅力的なサイトをつくるのを楽しむんだ。でも

忘れちゃいけないぞ。いったんきみがそれを公開してしまったら、世界中のみんなが見ることができるってことを！

**8**— 完成したら、公開して、仲間の諜報員にサイトのアドレス（URL）を教えてやろう。これでみんなに見てもらえるし、コメントを送ってもらうこともできる。みんなの意見をうまくとり入れれば、どんどんいいサイトにしていくことができる！

## ミッション・コンプリート！

きみのサイトのアドレスを書こう。

ボツにしたテーマを書こう。

**経験値**

道具をあつかう力…＋**2**

ゼロから生みだし、楽しむ力…＋**2**

**ミッションに必要な日数**

**7**

ミッション
18

# 手足の爪を切りそろえろ

なんだ、親に爪を切ってもらってるのかい？　まだまだだな！秘密諜報員たるもの、自分ですべてをできなければいけない。もちろん、爪も自分で切れて当然だ。ふつうの爪切りを用意しよう。あんまり大きいのを選ぶと、切るのに勇気がいるぞ！

1— 3分から5分ほど、両足をぬるま湯につけておくといい。爪がやわらかくなって切りやすくなる。ただし、よくかわかそう。
2— 人目につかない場所を選ぼう。あとで自分で掃除しないといけないからね。だれにも迷惑をかけないことがはっきりしている場所がいい。
3— では、オペをはじめよう。小さな爪をひとつひとつ切っていく。あまり深くまで切っちゃいけないぞ。爪の先っぽの白い部分だけを切るんだ。ギザギザにならないように。爪の両側の切り口は丸くしておこう。
**4**— 終わったら、爪切りのやすりの部分を使って、角をなめらかにしよう。これはぜったいに必要ってわけじゃないけどね。ぼくたちみたいに、やってない大人もいる。

## ミッション・コンプリート！

切った爪をセロテープで貼りつけよう。なるべくきれいなやつを探すこと。

**経験値**

道具をあつかう力…＋**2**
家のなかで生きぬく力…＋**1**
危険にたち向かう力…＋**2**
人を気づかう力…＋**1**

**ミッションに必要な時間**

**20**分

# 路上パフォーマンスをせよ

お金をかせぐためのミッションがまたまたやってきたぞ。きみは楽器はできる？　歌は？　あやつり人形で人形劇をすることは？　マジックは？　スケートボードで曲芸みたいにジャンプすることは？

きみの才能を活かしたことならなんでもいいから、それを路上パフォーマンスとしてやってみるのだ。じっさいに人前でやるまえに、まずは練習だ。20回か30回はくり返しやらなくちゃいけないぞ！　でなければ、どうやって最高のパフォーマンスをして、お金までもらうつもりだい？　できれば、さきにミッション16を終えておいたほうがいい。そうすれば、舞台に

立つこわさは克服してるだろうからね。あと、仲間の諜報員にも手を貸してもらおう。

パフォーマンスの準備が整ったら、それをやるのにぴったりの場所を探そう。人通りが多くて、騒音は少ないところがいい。大通りの角や、広場、人がいっぱいいる公園なんかだね。使うものといっしょに、小さな足場も用意しよう。お金を入れるための帽子に、できればきみの名前を書いた看板もあるといい。服はカラフルなものを着よう。衣装は大事だぞ！

準備が整ったら、観客を集めよう。楽器を持っていたら、コードを合わせて、音楽を演奏しよう。そうしながら通行人に話しかけて、いまからパフォーマンスをはじめるよって知らせるんだ。近くで見てくれるようにたのもう。できるだけ親しみやすい感じで、笑顔を忘れないこと。そしたら、みんなワクワクして、きみの世界一のショーに集まってくれるだろう。

何人か人が来たら、ほかの人もかんたんに集まってくるぞ。

人だかりができたら、いよいよパフォーマンスをはじめよう。楽しい時間だ。最後に、「よければ、帽子にお金を入れてください」って言うことも忘れずにね。最後のパフォーマンス

のまえに言うのがいい。はじめに言うと、せっかく集まってくれたお客さんがいなくなってしまう！　効果的なセリフを考えよう。たとえば、「月に行くロケットをつくるためにお金をためてるんです」。かわいこぶりっこも忘れるな。子どもであることを最大限に利用するんだ！

## ミッション・コンプリート！

パフォーマンスのタイトル

---

日付と場所（いれば、協力者の名前も）

---

| 観客の人数 | 集まった金額 | トマトを投げつけられた？ |
| --- | --- | --- |
| | | |

**経験値**

コミュニケーション力…＋**2**

ゼロから生みだし、楽しむ力…＋**3**

敵のなかで生きぬく力…＋**1**

**ミッションに必要な月数**

**1**

## レストランを予約してみろ

どうして大人はあんなにも予約するのが好きなのか。タクシー、ホテル、飛行機、コンサート、演劇公演、映画……。その謎を解いてみよう！

このミッションをやりとげるいちばんいい方法は、きみと家族がすでに行く予定にしているレストランの予約をとることだ。

親たちのかわりにきみがやってみるんだ。予定がなかったら、きみのスパイや仲間の諜報員とのスイーツパーティーを企画してもいい。じっさいに行くか行かないかは問題じゃない。予約の電話をしたら、

あとでもういちど電話して、その予約をキャンセルすればいいんだ。

では、いくぞ！　レストランを選んで、インターネットで電話番号を調べる。あと営業時間も確認して、電話をかけるんだ。相手が出たら、あいさつをして、人数分の席が空いているか聞いて、それでいいかどうかを伝える。レストランの人は確認のために、きみの名前や携帯電話の番号を聞いてくるだろう（覚えてなかったら、あらかじめ紙に書いておいて、それを読もう）。もしじっさいに行くつもりがなかったら、何分後かに電話をかけなおして、予約をキャンセルしますと伝えよう。お店の人はきっと残念がるだろうけど、「上海で大事な用事が入って、どうしても行けなくなったんだ」って言えば、だいじょうぶなはずだ。

予約どおりレストランに行ったなら、そのときのレシートと、お店のカードか何かと、ナプキンの切れ端をここに貼りつけよう。行ってなかったら、予約の電話をかけたお店の名前と電話番号を書こう。

**経験値**

敵のなかで生きぬく力…＋**2**

コミュニケーション力…＋**1**

道具をあつかう力…＋**1**

**ミッションに必要な日数**

**1**

ミッション
21

# 家中をピカピカにみがきあげよ

家を掃除(そうじ)するのはとってもしんどい作業だ。だけどこいつを学んでおけば、自分の痕跡(こんせき)を完全(かんぜん)に消しさりたいときなんかにとっても役に立つぞ。いっぺんに家中をきれいにしなくていい。こっそりやらないといけないからね。どこからはじめたらいいかわからなかったら、親たちをスパイして、どうしたらいいかを観察(かんさつ)しよう。さあ、準備(じゅんび)はいいかい？

1— まずは部屋のなかから。はじめるまえに、床(ゆか)や壁(かべ)から、作業のじゃまになりそうなものをどけておこう。

2— 床に掃除機(そうじき)をかける。これはかんたんだ。コードをコンセントにつないで、スイッチを入れて、ごみを吸いとるのだ。部屋のすみっこや吸いとるのが難しいすきまをやるときは、それに適した掃除機のヘッドにとりかえる。家に掃除機がなかったら、ほうきを使おう。

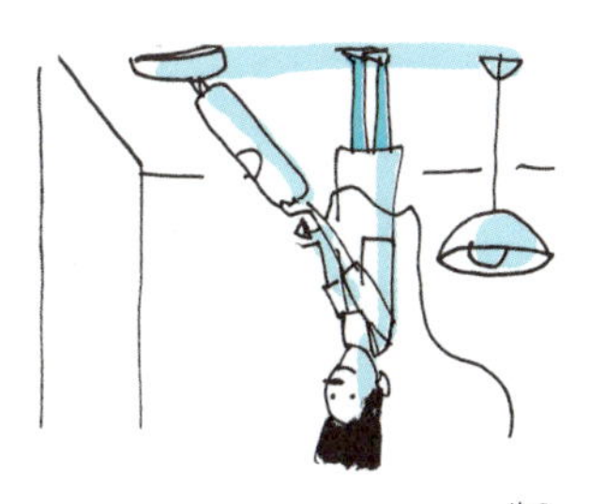

**3**— テーブルや本棚、そのほかの家具の表面を、やわらかい布とスプレー洗剤でふこう。

**4**— つぎはキッチンだ。ゴム手袋をして、ぬらしたスポンジを持って、万能洗剤を数滴たらして、こすっていこう。終わったら、泡がなくなるまでスポンジをゆすぐこと。

**5**— 木の床であれば、念入りにきれいにしよう。いちばんかんたんなのは、モップとバケツを使うこと。バケツのなかに水を入れて、少しだけ洗剤をとかしておく（キャップ1杯ぶんくらいでじゅうぶんかな）。木の床には特別な洗剤が必要だから、適したものを選ぼう。

**6**— お風呂は、ぬらしたスポンジと万能洗剤で、浴槽、シャワー、洗面台をきれいにしよう。トイレは同じく万能洗剤を使ったらいいんだけど、スポンジはトイレ専用のを使うべし。そうしないと気持ち悪いからね。便器のなかの茶色いよごれは、トイレブラシできれ

いにこすろう。そんなのイヤだって？　真の秘密諜報員(ひみつちょうほういん)は、いかなる試練(しれん)にも真っ向からたち向かわなければいけないのだ！
**7**— 鏡(かがみ)をきれいにするには、専用(せんよう)のスプレーがあるけど、しめらせた新聞紙を丸めたものでもすごくきれいになるぞ！

## ミッション・コンプリート！

きれいにしたよごれの一部を貼(は)るか、ぬるかしよう。
（イヤなにおいのしないやつを！）

**経験値(けいけんち)**

家のなかで生きぬく力…＋**2**
人を気づかう力…＋**1**
ねばり強い忍耐力(にんたいりょく)…＋**1**

**ミッションに必要(ひつよう)な日数**

**7**

ミッション
22

# スーッケースに荷物をつめるのだ

ミッション10をクリアしたのなら、旅に出る準備は万端だね？　そのときがくるのをワクワクして待ってる最中かな。では、旅に出るにあたってのもっとも困難な作業も教えておこう。それは……荷物をつめること！　きみがじっさいに出発するかどうかは、このさい重要じゃない。旅に出るつもりになって、荷物の準備をしてみよう。そして、何日間か、きみがかばんにつめたものだけを使って生活してみるんだ。

まずは、必要だと思うもののリストをつくる。つぎの4つの基準に従ってね。どこへ行くのか、そこで何をするのか、何日間行くのか、どんな天気か、だ。天気が関係あるのかって？　では想像してみたまえ。スーツケースに短パンしか入れずに旅に出て、ものすごく寒かったら、どうする？　そんな最悪のサプライズをさけるために、グーグルで「天気　〜〜（行きたい場所の名前）」で検索するんだ。あと、きみがその旅で何をするのかもとても大事だ。だれかの結婚式に出席したり、何かのかしこまったイベントに行ったりするのなら、エレガントな服と靴も必要だ（くわしくはミッション32で説明しよう）。

**アドバイス**

- すべてをスーツケースに入れないように。旅のあいだ身につけていないといけないものはとり分けておくんだ。
- 靴下（あったかいところに行く場合でも）とパンツは1日に1回ははきかえるべし。必要なぶんだけ入れるが、多くても6つか7つまで。それ以上の日数になる予定なら、旅先で洗って使う。
- 洋服、パジャマ、歯ブラシ、歯みがき粉、石けん、爪切りなんかも忘れちゃいけない。
- 基本的なものをひととおり入れたら、好きなものも入れよう。本、カード、ペン、鉛筆、ゲーム、会う予定の人がいるならその人へのプレゼント、道中で食べたり飲んだりするもの。
- 電気製品を持っていくなら、充電器も忘れちゃいけない。よその国に行くつもりなら、電源変換プラグや変圧器の必要があるかも確かめておくこと。

　リストができたら、スーツケースかかばんに、いまあげたものをつめてみよう。入らない？　いったんぜんぶ出して、もういちど挑戦だ！　ズボン、シャツ、セーターなんかは半分に折って、丸めてみよう。それでも入らない？　しょうがない、リストのいくつかはあきらめて、もういちどチャレンジだ。コツは、重いものを下につめて、小さいものはビニール袋に小分けにすること。靴下とパンツ、本とゲームってふうに、分類して袋に入れるんだ。どうだい？　えっ、やっぱり入らない？

## ミッション・コンプリート！

どこへ行った？（ほんとうに行った場所でも、想像で行った場所でも）

荷物のリスト（一部でも）を貼ろう。やっぱり入らなかったものを書こう。

**経験値**

敵のなかで生きぬく力…＋1

人を気づかう力…＋1

**ミッションに必要な日数**

4

ミッション
23

# バスか地下鉄で町を走りぬけよ

さあ、ほんとうの冒険に出かける時間だ。きみの知らない場所をたくさん発見するんだ。町に出ていく切符を買うためのお金を忘れないように。

1— バスや地下鉄の路線を選ぶべし。おもしろスポットがいくつもありそうなルートを走っているのがいい。
2— 始発か終点か、どちらかから乗る。まずはそこへ行く。
3— バスの場合は、降りずに、すべてのバス停ごとに写真をとること。地下鉄の場合は、一日乗車券を持っているのなら、少なくとも5つの駅で降りて、見たものを写真におさめる。

**4**— 旅で目にしたものをすべてメモしておく。きみが会った人びとのこと、冒険の途中で起こった興味深いことすべてを。

**5**— スパイの心がまえ。つまずいたり、駅のホームから落ちたりしない。まわりをちゃんと確認せずに道を横切ったらいけない。窓から手を出してはいけない。なによりも、きみは秘密諜報員だということを忘れないように！　諜報員はつねに慎重に行動するものだ。

## ミッション・コンプリート！

旅で使った切符をここに貼りつけよう。

つづく→

きみが発見した、おもしろい場所・もの・人を書こう。

1.

2.

3.

**経験値**(けいけんち)

敵(てき)のなかで生きぬく力…+**3**

コミュニケーション力…+**1**

危険(きけん)にたち向かう力…+**2**

道具をあつかう力…+**1**

**ミッションに必要(ひつよう)な日数**

**1**

# 買いものにいけ

　このミッションを最後(さいご)までやりとげるには、親たちの同意が必要(ひつよう)だ。もっとも難(むずか)しいのは、いつもは親たちがやっている買いものを、きみひとりでやらせてもらうように、かれらを説得(せっとく)することだ。これを成功(せいこう)させるために、きみは真のスパイ活動をはじめなければならない。

　まず、パスタ、牛乳(ぎゅうにゅう)、ビスケット、ジャガイモ、サラダ用の野菜(やさい)、くだものなどを、親たちがいくつ買ったのか、1週間、正確(せいかく)な数をメモしていく。ミッション4で、家のどこに何があるかはもう調査ずみだから、こんなの朝飯前だろう。そして、何を食べたかや、冷蔵庫や収納ボックスに何が補充されたかについても、1日に1回、調査するんだ。

1週間たったら、きみは何がどのくらい足りないのかを完璧に把握できているから、買いものリストをひとりでつくれるだろう。そうなったらいよいよ、親にたのむことができる。きみがつくったリストを見せよう。きっとかれらは、きみを信用して、許可を出してくれるはずだ。

お金をわたされたら、全速力で地の果てまでにげろ！……なんていうのはダメだ。必要なものを買いにいこう。必要ないものまで買ってはいけない。たえるんだ！　ガム1箱くらいなら……、ダメダメ！　品物と引きかえにお金をはらう。レシートとおつりをしっかり確認する。買ったものをレジ袋に入れて、家まで持って帰ったら、冷蔵庫のなかのしかるべき場所にそれらを入れる。

あれば、買いもののレシートを貼ろう。なかったら、買いもののリストでもいいぞ。

**経験値**

敵のなかで生きぬく力…＋**1**

家のなかで生きぬく力…＋**2**

人を気づかう力…＋**1**

**ミッションに必要な日数**

**8**

# 車のタイヤをとりかえるべし

車のタイヤをとりかえることは、きみが大人への階段(かいだん)を上る大きな一歩になるだろう。大人でさえ、これができたら、なかなかたいしたものなんだ！　これをやった大人たちは、とんでもない偉業(いぎょう)を成(な)しとげたかのように、よごれた手と傷(きず)だらけの膝(ひざ)をみんなに見せてくる。夜中や雨の降(ふ)るなかでだったりしたら、何年も語りつがれる武勇伝(ぶゆうでん)のひとつになるだろう。

結論(けつろん)から言うと、このミッションには、超人的(ちょうじんてき)な力と、とんでもない勇気(ゆうき)と、ひととおりのサバイバル能力(のうりょく)が必要(ひつよう)となる。いや、ぼくたちはきみに、吹雪(ふぶき)の真っただ中でタイヤをとりかえろなんて言ってるわけじゃない。まずはいちど練習してみることだ。そうすれば、きみは車のタイヤに関するどんな不測の事態にもたち向かえるようになるだろう。

とはいえ、これは段ちがいに危険なミッションだから、ぜったいにきみのスパイに見ていてもらおう。きみのスパイが車を持っていなかったら、車を探さないといけないけど、それは案外かんたんだ。でも、もしきみのスパイが車についてまったくの無知だったら……、しょうがないけど、このミッションにかぎり、別の大人にスパイになってくれとお願いするしかないだろうな。

やり方はこんな感じ。

**1**— まずは、どれかをパンクしたタイヤだっていう設定にしよう。ほんとうにパンクさせる必要はないぞ！ タイヤをとりはずして、そのタイヤをもういちどとりつけることにする。

**2**— 車の取扱説明書を持ってきて、タイヤ交換のページを開く。もしぼくたちがここで言うこととくいちがっていたら、取扱説明書のほうに従ってくれ。

**3**— ミッションにいどむのにふさわしい場所を探そう。平らなところ、できればアスファルトの上がいい。あと、車のまわりを動きまわれるじゅうぶんな広さが必要だ。

**4**— きみのいる場所が、ちょっと危険な別の場所だと想像しよう。そこは交通量の多い道の路肩で、すぐそばを車がビュンビュン走りぬけていく。4つのハザードランプをつけて、車の後ろに三角停止表示板を立てる。ほかのドライバーに、故障車の修理中だってことを知らせるためにね。最悪の事態、雨が降っていることも想定してみるんだ。きみのスパイといっしょに「わー、雨が降ってきた！」「こんな日にパンクするなんて、ツイてないな！」と言って泣きわめこう。

**5**— 必要な道具がそろっていることを確認する。つまり、ジャッキと、ナットをゆるめるためのスパナだ。じっさいにパンクしたタイヤを交換するのなら、新しいタイヤも必要だ。

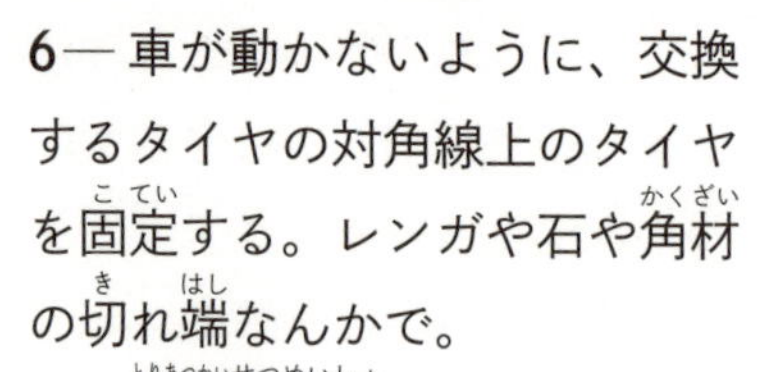

**6**— 車が動かないように、交換するタイヤの対角線上のタイヤを固定する。レンガや石や角材の切れ端なんかで。

**7**— 取扱説明書をもういちどちゃんと読む。

**8**— 車輪のリムからホイールキャップをとりはずす。

**9**— スパナでナットを少しゆるめる。なに、難しいって？　いまできるようになっておかないと、車を持ちあげたときにやるのはもっと難しいぞ。これは、大人でも思わず悪態をつくくらい、ほんとうにしんどい作業なんだ。ナットをゆるめるには超人的な力が必要だ。くじけるな！

　もしピクリとも動かなかったら、時計回りに回していないか確認してみろ。それでも動かなかったら、スパナのなるべく遠いところを持って回してみよう。てこの原理を利用するんだ。飛びはねて、体重を乗せる。それでもダメなら、神だのみだ。

死ぬほどやってどうしてもだめなら、きみのスパイに助けを借りよう。

**10**— 車を持ちあげるために、車のシャシの板部分の下にジャッキを設置する（説明書をよく読んで少し探せば、どこにセットすべきかはわかるはずだ）。ジャッキがまっすぐ置かれているか確認して、シャシの板部分にぴったりくっつくまで動かす。そのまま回しつづけたら、ゆっくりと車が持ちあがっていく。交換するタイヤが地面からはなれるまで続けよう。

**11**— ゴールは近いぞ！　ナットをはずして、タイヤを引っぱってはずす。これは、手や服がいちばんよごれる作業だ。タイヤを無事に地面に放りなげたら、リムの部分が、丸裸になってるのが見えるだろう。写真をとるなら、いまが絶好のタイミングだぞ！　でも、ここは道の真ん中だってことを忘れちゃいけない。しかも雨が降ってるんだったね！　急いでコトを終わらせよう。

**12**— 新しいタイヤをしかるべき位置にセットし、さっきとは逆にナットをしめる。

**13**— ゆっくり、とてもゆっくりと、ジャッキで車を地面に下ろしていく。

**14**— またまた超人的な力で、ナットを回す。めちゃくちゃにきつくしめること。そうしないと、走っている最中にタイヤがはずれて、どこかへ行っちゃうぞ！

**15**— 決まった位置にホイールキャップをつけて、すべての道具を工具箱にしまい、シートに飛びのってハザードランプを消す。さあ、出発の準備は整ったぞ！

最後にひとつ。ぼくたちはよく知っている。ここまできたら、きみは自分で車を運転したいと思ってることを。でも、それはまだしちゃダメだ。法律で決まってるからね。あと数年待たなくちゃいけない。

しょうがないから、いまのうちに、きみのスパイから車のメカニズムをぜんぶ教えておいてもらおう。ハンドル、アクセル、トランスミッション、ランプ、バックミラー。ただし、エンジンはかけずに、止まった状態で教えてもらうこと！

作業のコツ（いくつでも）

---

車種（しゃしゅ）

タイヤのブランド

---

どこでタイヤを交換（こうかん）した？

---

指についた油よごれで指紋（しもん）をおそう！

---

**経験値（けいけんち）**

道具をあつかう力…＋**3**

危険（きけん）にたち向かう力…＋**3**

敵（てき）のなかで生きぬく力…＋**1**

**ミッションに必要（ひつよう）な日数**

**1～5**

# お店を開け

お店を開くといっても、商品をつくる工場や、売るための建物を用意しろって言ってるんじゃない。場所は問題じゃない。人に何かを提供することができれば、それでいいんだ。だれかがほしがっていて、それにお金をはらってもいいって思うような何かをね。だいじょうぶ、そんなに資金がかかるわけじゃない。必要なのは、すばらしいアイデアだ。

できれば、ほかの人や、仲間の諜報員も巻きこんでやってみよう。みんなでやれば、お店を開くのはとってもかんたんで楽しいことだからね。まずは何を提供したいのか決めよう。きみがうまくつくれる何かであればいい。ケーキ？　ネックレス？

オリジナルTシャツ？　モノでなく、サービスでもいい。車を洗う？　外国語を教える？　犬を散歩に連れていく？　マジックショーをする？

決まったら、お店の名前を考えて、ロゴをデザインしよう。ロゴって何かわからないって？　調べてみよう！

とりあえず、商品を最初に少しだけつくってみる。それか、提供するサービスのくわしい内容を考える。客観的に評価することが大切だ。そのケーキはほんとうにおいしい？　車はほんとうにきれいになってる？

では、いよいよ売ってみよう。ここがいちばん難しいところだ。なぜって、きみが提供するものに対してお金をはらうことを、ひとに納得してもらわないといけないんだからね。ものを売るにはいろいろな方法がある。ミッション9でやったみたいに路上で売ってもいいし、飛びこみ営業をしたっていい。宣伝チラシを配る、学校で友だちに言って、親にも伝えてもらう、近所の電柱に宣伝ポスターを貼る、郵便受けにチラシを入れて回る、そしてもちろん、インターネットの「ヤフオク！」や、「メルカリ」みたいなフリマアプリに出品する……。たいていの場合、きみの売りこみはすげなく断られるだろうが、くじけちゃいけない！　きみの目標は、少なくとも収支をトントンにすること。つまり、かかった費用ぶんだけ売れればいいのさ。

きみのお店の名前は？

ロゴをかこう

商品やサービスの詳細

いくらもうかった？　または損をした？

**経験値**

敵のなかで生きぬく力…＋**2**

ねばり強い忍耐力…＋**3**

ゼロから生みだし、楽しむ力…＋**2**

コミュニケーション力…＋**1**

**ミッションに必要な日数**

きみが商品やサービスを生みだして、それをだれかが買ってくれるまで！

## 洗濯機(せんたくき)を手なずけろ

きみがまだ小さかったころ、洗濯機はめちゃくちゃな勢(いきお)いで服をぶん回し、おそろしいバカさわぎをさせる不思議(ふしぎ)な金属(きんぞく)の箱にすぎなかった。だけどいまのきみはもはや、それを使いこなせるようにならないといけないだろう。よごれや汗(あせ)や血の跡(あと)なんかの、きみの秘密(ひみつ)の冒険(ぼうけん)の跡を消しさるために。よし、すぐにはじめよう！

1— 服を分類(ぶんるい)する。これがものすごく重要(じゅうよう)なことなんだ。よごれた服の山を大きくふたつに分ける。ひとつはうすい色のもの、もうひとつは濃い色のものだ。もしこれらをいっしょに洗えば、うすい色の服に濃い色が色移りしてしまう。うすい色とは、白、ベージュ、水色、黄緑、黄色、明るいピンクなどだ。残りの色のものはすべて、とくに赤や赤紫、濃いピンクなどのものはひとまとまりにする。

多くの場合、洗濯機でウールのセーターは洗えないことを覚えておこう。大事なセーターを縮ませて、くたびれたクマのぬいぐるみたいにしたくなかったらね！

どの服をどう洗えばいいかを知るには、服の内側についているタグの表示をよく見ることだ。ひと目でわかるようにイラストになっていて、かんたんに意味がわかるようになっている。

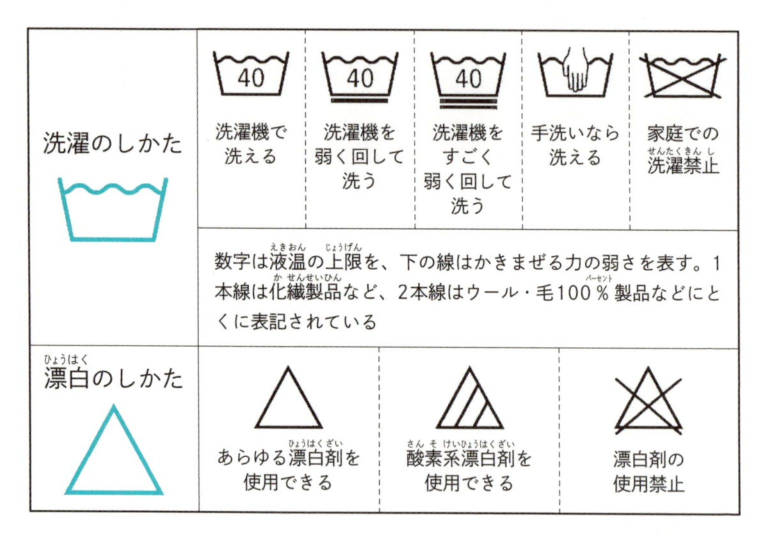


**2**— 洗濯機のふたを開けて、服を入れる。いっぱい入れすぎないように。スペースの4分の1くらいは空いた状態にしておこう。あとでふたをきちんと閉められるようにね。

**3**— 洗剤や柔軟剤を入れるところを開けて、正しい位置にそれぞれを入れよう。適量はボトルや箱に書いてある。
**4**— 洗濯機を動かすには、ボタンをおすか、ダイヤルを回す必要がある。それぞれ洗濯機ごとにボタンのつくりはちがうから、親がやるのを見たり、説明書を読んだり、きみのスパイにやり方を聞いたりして、きみの家の洗濯機の動かし方を確認しよう。ふつうはつぎの3つのボタンをおせばいい。1つ目は、水の温度を決めるボタン。冷たい水で洗うこともできるし、30℃から60℃のあいだで調節もできる。濃い色の服は高い温度で洗うとかんたんに色が落ちてしまうから、水か低い温度に設定する。温度がまちがっていないか、ちゃんと確認すること。2つ目におすボタンは、洗い方のコースを決めるボタン。大人はいつもどのコースで洗ってるかな？　こっそり見て、たしかめよう。それでもわからなかったら、「エココース」を選ぼう。
　最後におすのは、待ってました！　スタートボタンだ。
**5**— そうすると、洗濯機は働きはじめる。きみは1時間くらい、静かに待っていればいい。回転が終わるまで、ぜったいにふたを開けちゃいけないぞ。さもないと、床が水びたしになってしまう！　洗濯機が完全に動きを止めたら、ふたを開けてよし。
**6**— 服を引っぱりだして、干す。物干し竿や部屋干し用の物干しラックに、洗濯ばさみやハンガーでひっかけるのだ。よし、上出来だ！

## ミッション・コンプリート！

きみが洗った服のタグを貼りつけよう。

| 経験値 | ミッションに必要な日数 |
| --- | --- |
| 家のなかで生きぬく力…＋**2** | **3** |
| 道具をあつかう力…＋**1** | |

## 釘と金づちで壁に絵をかけるのだ

金づちは危険なものだ。釘も危険なものだ。それをいっしょにあつかうなんて、こりゃとんでもなく危険な行動だ！　だけど少しだけ気をつければ、すべての指が無事なまま、この作業をやりおおせることができるんだ。

まずやることは、壁にかけるための、額に入った絵か写真を用意すること。それじゃあ、いくぞ。

1—絵をかける場所を決める。きみの部屋じゃないなら、そこに絵をかけてもいいか、きみのスパイに聞こう（親に聞く場合は、金づちは危ないから使っちゃダメ、だから絵もかけちゃダメって言うだろうけど、強く主張しよう）。きみのスパイはきみが釘を打ってい

るあいだ、額を固定する手伝いをしてくれる。さあ、場所は決めた？　釘を打つ場所に鉛筆で印をつけよう。

**2**― 目の高さより上に印をつけるときは、イスかじょうぶな台を使う。台に上ったとき、右か左の肩くらいの位置に印をつけよう（きみが金づちを打つ利き腕が右腕なら、右の肩のあたりに印をつける。逆なら左だ）。

**3**― 長さ3～4㎝くらいの釘を持って、壁にとがった先端をあてがう。釘の頭が少しだけ上を向くようにかたむける。指はとがったほうの近くにそえて、釘の頭からはなるべくはなす。

**4**― 最大限の注意をはらって、よくねらいを定めて、金づちを釘の頭に向かって軽く打つ。釘の頭の中心をねらうこと。

**5**― 少し曲がったら、まっすぐに立てなおす。少しずつ打つ力を強くして、釘を壁につきさそう。

**6**― 釘が壁にうまくささったら、指をはなして、金づちを打ちつづける。ぜんぶを壁に打ちこんじゃったらダメだぞ。頭を少しだけ残して、額をつるすためのひもをひっかけられるようにするんだ。

壁にかけた絵か写真をここにかきうつそう。

**経験値**

道具をあつかう力…＋**2**

危険にたち向かう力…＋**2**

家のなかで生きぬく力…＋**1**

**ミッションに必要な時間**

**1～3時間**

# 火を使わずに料理せよ

何を食べるか、そして、それをどうやって調理するかを知ることは、生きぬくためにとても役に立つ。もちろん料理を極めるためには、ちょっとした知識が必要になってくるけど、シンプルな料理をつくるのはそんなに難しいことじゃない。とくに火を使わない料理はね。

きみはすでにたくさんの、火を使わずに調理した食べものを食べたことがあるはずだ。たとえば朝ごはんに食べたシリアルや、イチゴやサクランボなんか（食べるまえにはちゃんと洗おう！）。ここでは、少し作業が必要なものに挑戦する。つぎのすべてのことをできるようになるのが今回のミッションだ。

● くだものの皮をむく。バナナやミカンはかんたんだ。じゃあ

オレンジは？　ナシやリンゴはどうだろう？　まずは親たちがどうやってるのか観察しよう。そして、親か、きみのスパイに見てもらいながら練習しよう。そうすれば、知らないうちに包丁の使い方も学ぶことができるぞ！

●クルミを割る。どうやって？　もちろん、クルミ割り器を使うんだ。指をはさまないように！

●サラダをつくる。そのためには、野菜を洗って、切らないといけない。レタス、ニンジン、トマト、タマネギ、セロリ、アボカド。きみのスパイがサラダをつくってるところをよく見て、同じようにやってみよう。サラダをおいしくするには、まず塩、つぎに酢、最後に油をかけること。オリーブ、クルミ、リンゴのうす切り、イチゴ、干しブドウ、チーズや、いろいろな雑穀なんかを足してもいいね。やってみよう！　ぜんぶを混ぜあわせて食べてみよう。体はなんともない？　よし、もうひと皿チャレンジ！

●サンドイッチをつくる。用意するのは、パン、ハム、お好みでチーズ。もっとおいしくするには、こんなのも足してみよう。サラダを少々、トマトのうす切り、アボカド、キュウリ……、ま、ようするに、きみが好きなものならなんでもありってこと。

食べおわったら、生ごみを捨てて、お皿や食器を流しに持っていって、ぜんぶ洗う。洗いものをしたことがない？　じゃあ、やり方を覚える絶好のチャンスだ！

## ミッション・コンプリート！

きみがつくった大きなサンドイッチやサラダに何を入れたか、書こう。

**経験値**

家のなかで生きぬく力…＋**2**

ゼロから生みだし、楽しむ力…＋**2**

危険にたち向かう力…＋**1**

人を気づかう力…＋**2**

道具をあつかう力…＋**1**

**ミッションに必要な時間**

**1～5時間**

（何をつくるかしだい）

# 火を使って料理せよ

　ミッション29にくらべたら、今回のミッションは格段に難しいし、もっと危険だ！　どの料理をつくってもいいけど、火を使うのが条件だ。やけどをする危険もある。火にはほんとうに気をつけること。きみのスパイにも、ずっと見ていてもらおう。ここにあげたどのレシピにいどんでも、最高に楽しい冒険になるぞ！

● パンをトースターで焼く。ま、これはもうやったことがあるかな。バターをぬったら、とけて、いいにおいがしてくるぞ。おいしそう！

● スープか牛乳を電子レンジで温める。1分くらいでいいかな。カップを持ったら熱くてやけどしちゃった？　ご愁傷さま！

●鍋で卵をゆでる。まずはガスかIHヒーターのつけ方を覚えないといけない。きみのスパイに説明してもらおう。水が沸騰したら、スプーンでゆっくりと卵を入れる。半熟卵をつくるなら、3分33秒（これは最高のスパイ、ジェームズ・ボンドのお気に入りのやり方だ）。固ゆでが好きなら、7分待つ。半熟卵はスプーンで割って、パンにのせて食べよう。固ゆで卵は冷たい水につけて、冷ましてから殻をむく。

●パスタをゆでる。水を入れた鍋を火にかけて、小さじ1杯半の塩を入れる。水が沸騰したら、パスタをゆでよう（1人ぶんは100gが目安だ）。何分ゆでるかはパッケージに書いてる。表示どおりの時間が経ったら、1本すくって、かんでゆで加減を確かめよう。舌をやけどしたくないなら、よく吹いて冷ますこと！　ゆで加減がOKだったら、流しにざるを置いて、鍋をそこにあけよう。パスタを深めのお皿によそって、パスタソースをかける。

●パスタソースがない？　そりゃいけない！　トマトソースのつくり方を教えよう。油を少しとニンニクひとかけを鍋に入れて、少しいためる。トマトペーストか、半分に切った生のプチトマトをいくつか、塩をふたつまみとバジルの葉っぱを1枚加えて、木べらで混ぜながら弱火でにる。さあ、できた？　おいしくないって？　もういちどやりなおし！

●ピザを焼く。オーブンを250℃に（または家にあるオーブンの最大温度に）熱して、買ってきたピザ生地をオー

ブン皿の上にのせる。トマトペースト、モッツァレッラチーズ、そのほか好きな具材（きのこ、ハム、オリーブなんか）をのせる。そしたらオーブンにつっこんで、チーズがうっすらこげはじめて、表面がカリカリになってくるまで焼く。うまく焼けたかな？では、鍋つかみをして、熱いお皿を外に引っぱりだそう！

## ミッション・コンプリート！

つくった料理の絵をかこう。なるべく複雑なやつのね。

**経験値**

家のなかで生きぬく力…＋**3**

ゼロから生みだし、楽しむ力…＋**2**

危険にたち向かう力…＋**2**

人を気づかう力…＋**3**

道具をあつかう力…＋**2**

**ミッションに必要な時間**

**1～5時間**

（何をつくるかしだい）

ミッション
31

# じいちゃんかばあちゃんの物語を書け

長く生きている人っていうのは、そのぶんだけたくさんの冒険をこなしているものだ。そしてたいていの場合、それを人に話すのが好き。さあ、これはすぐれた秘密諜報員になるための絶好の機会だぞ。人の話を聞くってことは基本的な技術だ。それに、ほかの人の冒険話を聞くことは、きみにとって、とても役に立つことだからね。

じいちゃんばあちゃんか、または50年以上生きている人で、きみに協力してくれる人をひとり選ぼう。もちろん「学校の宿題で、長く生きてる人のお話を書かないといけないんだ」って言ってごまかすんだ。よい質問をして、しっかりメモをとっておくこと。聞くべきことは山ほどあるぞ。

- どこで生まれたか
- どこの学校に通っていたか
- 若いころ、世界はどんなだったか
- 何になりたかったか
- どんな仕事をしてきたか
- どこに住んできたか
- 親友と呼べる人はだれか
- 時間があるときは何をしていたか
- いままで出くわしたいちばんの危機は何か
- しあわせなときはいつか

ほかにも、きみが気になることをなんでも聞いてみよう。

かれらはいったん話しはじめたら、止まらなくなる可能性がある。たぶん、それがこのミッションのいちばん厄介なところだ。インタビューの時間はきっちりと決めておこう。

終わったら家に帰って、話を書くまえに、落ち着いてきょう聞いたことをふり返ろう。よく覚えていないことや、わからないことがあったら、何度も話してもらえばいい。

無事に物語を書けたら、大きな声でそれをかれらに読んで聞かせよう。

きみが話を聞いた人が、過去にやった信じられないようなことは、なんだった？

**経験値**

コミュニケーション力…＋**2**

ゼロから生みだし、楽しむ力…＋**2**

**ミッションに必要な日数**

**7**

ミッション
32

# おしゃれの道を極めよ

きみは、ジェームズ・ボンドがエレガントなパーティーに短パンで行ってるのを見たことがあるか？　答えはノー。彼はいつも完璧な着こなしだ。黒のタキシードをばっちりキメている。正しい着こなしを学ぶのはとても大事なことだ。

秘密諜報員にとって、正しい着こなしとは、必要なときに必要なものを着るっていうことだ。TPOにおうじて、服装を使いわけないといけない。フットサルをするときにジャケットはいらない。結婚式に出席するのに水着ってのもおかしいよね。OK？　きみがまず第一にすることは、いろいろな服があることを知り、それらをどのように組み合わせるかを知ることだ。

**1— エレガントなもの**

特別なときに着るもの。たとえば、結婚式、卒業式、家族の記念日、その他たくさんの大人と過ごす日に。紺かグレーのボトムに同じ色の服、または白か水色のシャツを合わせよう。男子ならジャケット（もし持ってなかったら、紺のを買おう。パンツとセットで買うのがいい）、女子ならエレガントなコートと、モカシンかバレエシューズをそろえたい。こういう場合、スニーカーはよくない。ネクタイ（結び方はきみのスパイに聞こう）、イヤリング、その他の装飾品なんかがあれば上出来だ。

**2— どんなシーンでも使えるもの**

親の友だちや、親戚との食事などに着ていける。ジーンズ、セーター、シャツ、カットソー、靴下（ただし白のパイルソックスはダメだ！　世界中の秘密諜報員から禁止されている）、スニーカーってところだ。

**3— 色物、ボーダー柄、その他ちょっとカラフルなもの**

真の秘密諜報員は、南国のオウムみたいにならないような着こなしを知っている。水玉のパンツに、赤と黄色のボーダーのセーターを着たりしてはいけない。色をよく観察して、マッチ

するように組み合わせよう。青には青、赤には赤、白には白、黒には黒。同じことはいわゆる「ぶっ飛んだ」ファッションにもいえる。横じまのセーターの上に、縦じまのシャツを合わせるのはちょっとヘンだ。難しかったら、無地の服を買っておけばまちがいない。

**4— ブランド名にこだわるな**

真の秘密諜報員は、文字やイラストやブランド名なんかがデカデカと入った服は買おうとしない。目につくものは少なければ少ないほど、だれにも気づかれることなく、やりたいことを自由にできるってわけだ。

**5— 暑いときと寒いときがあることを知れ**

いくらカッコいいからって、真夏に分厚いダウンジャケットを着てる人がいたら、どうかしてるって思うだろう？　同じように、マッチョな体を見せつけたいからって、真冬にTシャツ1枚でウロウロしてたらヘンだ。寒いときには厚着をして、暑いときには薄着をすること！

## ✓ ミッション・コンプリート！

写真をとられたって？　秘密諜報員にあるまじきミスだ！　でも、せっかくだからここに貼っておくといい。

**経験値**

敵のなかで生きぬく力…＋**1**

人を気づかう力…＋**2**

**ミッションに必要な日数**

**10**

ミッション
33

# 応急処置の方法を学べ

　この技術は使わないにこしたことはないんだが、秘密諜報員の仕事は危険ととなり合わせだ。それに、仲間の諜報員がケガをしたとき、助けてあげられるのがきみだけかもしれない。ほんとうの緊急事態におちいったときにもっとも大事なことは、すぐに大人か救急隊員を呼ぶこと。必要なら、注意を引くために大声を出す。電話を持っていたら、119番にかけて、だれがどこでケガをしたのか伝えること。ケガ人にはずっとついていて、話しかけて落ち着かせてあげる。もちろん、自分も落ち着いてね。

　では、それぞれの状況におうじた対処方法を説明しよう。

### ●のどに何かがつまった人には

手のひらで背中(せなか)の真ん中を強くたたく。肩甲骨(けんこうこつ)のあいだくらいがいい。つまったものをその人がはき出すまでだ。

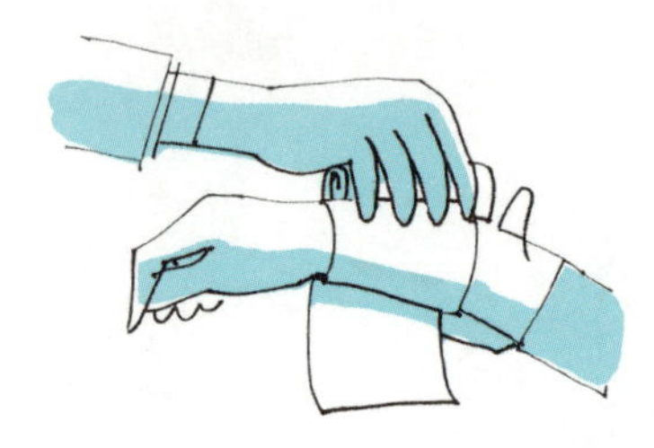

### ●やけどをした人には

少なくとも10分間、やけどしたところを流水で冷(ひ)やす。その後、サランラップかきれいなビニール袋(ぶくろ)でおおう。

### ●出血した人には

清潔(せいけつ)なガーゼか布(ぬの)を当てて、しっかりとおさえる。ケガしたところが腕(うで)か足の場合、骨(ほね)が折(お)れていなさそうなら、なるべく高い位置(いち)に上げるようにすれば、出血が少なくなる。

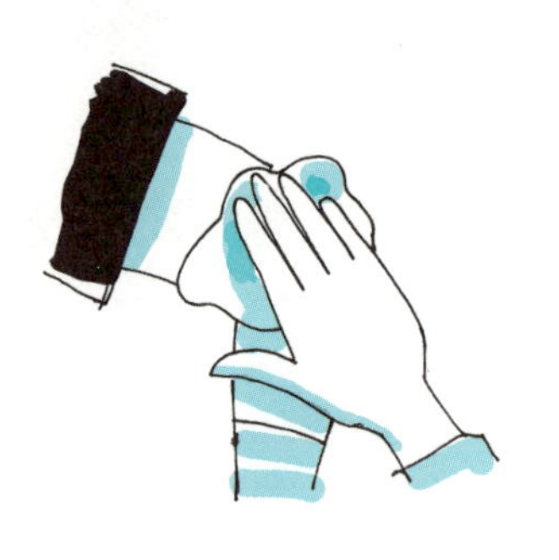

### ●骨が折れた人には

その部分を動かさないようにして、必要(ひつよう)なら、腕かクッションみたいなもので下から支(ささ)える。

**●意識を失って、たおれてしまった人には**

話しかけたり肩をたたいたりして、目を覚まさせる。反応がなかったら、胸が動いているか見たり、鼻や口に近づいたりして、息をしているか確認しよう。息をしていたら、横向きにねかせて、頭を少し後ろに反らせ、気道を確保する。息がしやすいようにするためだ。

今回のきみのミッションは、仲間の諜報員にケガ人の演技をしてもらって、これらの応急処置の訓練をすることだ。

## ミッション・コンプリート！

ちゃんと覚えているかテストだ。以下の質問に、説明を読まずに答えること。

緊急事態にかける電話番号は？

つづく→

こんな人にはどういう応急処置をする？

- のどがつまった人

- やけどした人

- ケガをして血がいっぱい出た人

- 骨を折った人

- 意識を失った人

**経験値**

道具をあつかう力…＋**1**

家のなかで生きぬく力…＋**1**

敵のなかで生きぬく力…＋**1**

危険にたち向かう力…＋**2**

**ミッションに必要な日数**

**5**

## 忍者の動きをマスターせよ

秘密諜報員としてもっとも重要な能力は、人に気づかれずに行動することだ。人に見られたくないのなら、まず音を聞かれてはいけない。だけど、きみは歩いてるだけでじつにたくさんの音を発している。呼吸音、足音、服や持ってるものがこすれたり当たったりする音、床がきしむ音。つまりは、特訓あるのみってことだ！

まず最初に学ぶべきは、重心をしっかり保ったまま、音を立てずに、つま先歩きをすることだ。家のなかで練習しよう。自分の行動範囲をよく知っておくのは基本だぞ。玄関のドアを開けるとキイという音がする、床のタイルがおかしな音を立てる……。自分のまわりのすべてのものに注意をはらって、音を立てるものをさけよう。

では、練習の時間はここまでだ。つぎのミッションに挑戦しよう！

●家族の寝室に侵入して、かれらがねむってるベッドに近づく。ぜったいに気づかれないように。

●鍋のなかにグラスを入れて、それを持ったまま家のなかを端から端まで移動する。もちろん音を立てないように。

●家族が大きい声できみを探しはじめるまで、家のどこかにじっとかくれている。探しはじめたら、どこにかくれていたかバレないように、なにくわぬ顔で姿を見せよう。

●ペットは飼ってる？　ねむってるところをぜったいに起こさないように、匍匐前進で近づけ！

## ✓ ミッション・コンプリート！

忍者(にんじゃ)の動きをマスターするまでに、だれに見つかったか

その人の名前

何をしているときだったか

**経験値(けいけんち)**

敵(てき)のなかで生きぬく力…＋**1**

家のなかで生きぬく力…＋**2**

人を気づかう力…＋**2**

**ミッションに必要(ひつよう)な日数**

**10**

# マッサージの達人(たつじん)になれ

たぶんきみは、多くの大人が、1日の大半を座(すわ)って過(す)ごしているせいで、肩(かた)や首や背中(せなか)の「こり」になやんでいることに気づいてるはずだ。かれらは、だれかに体をなでられたり、軽くたたいてもらったり、もんでもらったり、ふまれたりすると(ヘンだろう？　でもそうなんだ！)、すごくいい気持ちになる。マッサージをしたりされたりするのはすごく気持ちがよくて、人をリラックスさせるためにとても役に立つことがわかっている。

マッサージの達人になるためのヒントを教えよう。

1— 実験台になってくれる人を探す。兄ちゃん？ 妹？ 仲間の諜報員？ イスに座ってもらうか、ベッドにうつぶせになってもらう。

2— その人の背中の真ん中か少し下あたりに手のひらを置いて、軽くおさえながら、円をえがくように手を動かす。きみの実験台に、もっと力を強くしてほしいか、やさしくしてほしいかを聞きながら。その動きを続けたままゆっくりと手を上に移動させて、肩のあたりもやってあげよう。

3— 下から上へ、同じようなコースを、こんどはいろんな動きでやってみる。たとえば、パン生地をこねるみたいに筋肉をこねる。親指の腹で強くおすか、こぶしをめりこませるように力をこめる。ぜんぶの指を使って、いろんな場所を軽くたたいてみる。手を空手の「手刀」のように使ってみる……。ようするに、想像のおもむくままに自由にやってみるってことだ。ただし、ひとりよがりじゃいけない。協力者の意見や感想をちゃんと聞くこと。痛くないか？ たたき方は強くないか？ マッサージを拷問にしてはいけない！

4— 終わったら、役割を逆にして、こんどはマッサージをしてもらう。どこをどうやったら気持ちいいのかを知ろう。

気に入ったマッサージのテクニックを書いておこう。
絵でもいいぞ。

**経験値**

コミュニケーション力…+ **2**

人を気づかう力…+ **2**

**ミッションに必要な日数**

**3**

# 赤ちゃんのおむつをとりかえよ

まず最初(さいしょ)にしなければいけないのは、赤ちゃんを用意することだ。どうやって？　方法(ほうほう)はひとつしかない。赤ちゃんのいる人にたのんで、このミッションに協力(きょうりょく)してもらうことだ。赤ちゃんの両親のどちらかがきみのスパイなら、すでに難関(なんかん)は突破(とっぱ)している。そうでないなら、何か言(い)い訳(わけ)を考えないといけないだろう。「新しいことを学びたいんだ」「ウンチが好(す)きなんだ」……、なんでもいい。

赤ちゃんが手配できたら、赤ちゃんのそばで待機(たいき)せよ。そして、きみの鼻にくさいにおいがただよってくるのを待とう。おしっこのにおいのことじゃないぞ。それじゃかんたんすぎるだろう？　もうわかったはずだ。心配するな。その気になれば、すぐに終わる作業だ。
　待っているあいだ、自分のまわりのスペースを整えておこう。床をかたづける。赤ちゃんが転んでも危なくないようにだ。防水マットを広げて、タオルの上に設置する。その他、必要なのはつぎのようなものだ。赤ちゃん用のおしりふきシート、未使用の使い捨て紙おむつ、きれいなタオル、ボディクリーム、使用ずみのおむつを捨てるためのビニール袋。
　それでは、行くぞ！　手を洗う。タオルの上に赤ちゃんをあお向けにねかせる。ここからがたいへんだぞ。赤ちゃんが協力的じゃなかったら、なんとか気をそらさせないといけない。子守歌でも歌って、おとなしくさせるんだ。幸運をいのる！

**1**— 赤ちゃんの服をぬがせて、それをできるだけ遠くに置いておく。おむつのテープをはがして……、ああそうだ、わかるよ。ウンチが目に入ったら、もういちど勇気をふりしぼれ。

**2**— 片手で赤ちゃんの両足をやさしくつかんで持ち上げる。おむつの前部分は、ウンチをきれいにして、外にもれないようにするために使う。赤ちゃんの足を持ったまま、やさしく、よごれたおむつをおしりの下からぬ

いて丸め、ビニール袋に入れる。フウ！　よくやった。最悪の時間は終わりを告げた。

**3**— おしりふきシートでおしりをふく。女の子なら、かならず前から後ろへとふく。ふいたあとのシートは、おむつと同じようにビニール袋に入れる。シートは必要なら何枚でも使って、徹底的にきれいにしよう。

**4**— かわいたタオルで体をふいてきれいにしたら、ボディクリームをぬる。足をバタバタさせるかもしれないが、何分間かそのままさせてあげよう。さっぱりして最高にご機嫌なときなんだから。もちろんきみにとっても。

**5**— 新しいおむつを用意したら、もういちど足を持ち上げて、おむつをおしりの下にすべりこませる。テープをとめて、装着完了だ。

**6**— おめでとう！　きみの勇気はじゅうぶんにわかったから、いちもくさんに手を洗いにいきたまえ！

きみがとりかえたおむつから、きれいなテープをとって貼りつけよう。大いなる偉業の証だ！

**経験値**

危険にたち向かう力…＋**2**

コミュニケーション力…＋**1**

人を気づかう力…＋**1**

ねばり強い忍耐力…＋**1**

**ミッションに必要な日数**

**3**

# デリバリーの食べものを注文せよ

ミッション29と30でつくった料理が絶望的なものだったり、または時間や材料や根気がなかったら、大人がよくやる方法も学んでみよう。電話で食べものを注文するんだ。

これには少しのお金と、電話と、宅配サービスをやってるレストランの電話番号が必要だ。電話番号は、たぶん冷蔵庫に貼ってあるか、郵便受けのなかのチラシに書いてあるはずだ。インターネットで注文できるサービスもある。

好きなものを選ぼう。中華、メキシカン、タイ、トルコ、ギリシャ……、どこの国の料理でも。お金が足りるか確かめて、食べたい時間の30分前までには電話をかける。サイコーに大人っぽい声をつくって、注文と住所を相手に伝えよう。届いたら、お金をはらう。楽しい食事のはじまりだ！

## ミッション・コンプリート！

届いた料理が入っていた箱の切れ端を貼りつけよう。

**経験値**

家のなかで生きぬく力…＋**2**

敵のなかで生きぬく力…＋**1**

人を気づかう力…＋**1**

コミュニケーション力…＋**1**

**ミッションに必要な日数**

**1**

ミッション
38

# あの子をデートにさそえ

ここからは、少し特殊なミッションがふたつ続く。きみがだれかに恋しているか、夢中になっているか、ともかく、好きなだれかがいるってことが前提となる。

いつもその子といっしょにいたい。でも、その子といると、うまくしゃべれない。いつもその子をおどろかそうって思ってる。その子がほかの子といるのを見ると、なんだかモヤモヤする。その子の前に出ると、心臓が高鳴って、動きがぎこちなくなる……。これらは、きみがその子のことを好きだっていうしるしだ。好きな相手に対しては、そういうものなんだ。大人は、つねにこの荒波を乗りこえている。それはとてもスリリングだが、乗りこえる価値のある冒険だ。

こんなふうに冒険をはじめよう。その子にいっしょに出かけようってさそう。出かけて何をするのかって？　特別なことは何もしない。会って、どこかに行く。たとえば映画を観たり、コンサートに行ったり、ジェラートを食べたり、動物園に行ったり、ただそのへんをぶらっと散歩するだけでもいい。それがおたがいをよく知り、おたがいが何を好きなのかを知る方法なんだ。それでふたりが楽しかったって感じたなら、2回目のデートに出かけたらいい（それはとってもかんたんなことだ）。

ミッションの核心に入ろう。最初の一歩は、ターゲットについての情報を分析することだ。ローラースケートが好きな子なら、公園に行くといい。SFが好き？　だったら映画を観にいくことをオススメする。デートのさそい方はじつにいろいろだが、真の秘密諜報員なら、何があっても自分自身の口で伝えることだ（LINEやSNSのメッセージ、共通の友だちに伝言をたのんだり、とかはもってのほかだ！）。

では、順を追っていくぞ。まずはいつものように、当たりさわりのない会話からはじめよう。ころあいを見はからって、こう切りだす。「この週末は（午後は、休み時間は）何をしてるの？」。とくに予定はないと言われたら、チャンス到来だ。「チェスをして遊ばない？」「プールに行かない？」、そのほか、なんだっていい。

そして。断られるのも覚悟しておくこと。ノーって言われる可能性はある。でもそれは、きみに魅力がないとか、きみのことをきらいだとかいう意味じゃないから、落ちこむことなどない。いろんな理由が考えられる。ぼくたちだって、いまの奥さんやパートナーをはじめてデートにさそったときは、「冗談でしょ？」って断られたもんだ！　大事なのは、ぼくたちみたいにあきらめないこと。そして、きみがどれだけショックだったかをさとらせないことだ。笑ってこう言おう。「残念！　きっと楽しかったのに！」。きっとその子は、もったいないことをしたのかなって後悔するはずさ。

## ミッション・コンプリート！

だれをさそった？

何をしようって言った？

OKしてくれた？

うまくこぎつけたなら、どんなデートをした？

**経験値**

危険にたち向かう力…＋**2**

ねばり強い忍耐力…＋**1**

コミュニケーション力…＋**2**

**ミッションに必要な日数**

**1**

# キスをするのだ

秘密諜報員は、世界中で、配管工のつぎにキスがうまいといわれている。ぼくたちは、なぜ配管工が世界一キスがうまいのかは知らないが、なぜ秘密諜報員がキスがうまいのかは知っている。訓練しているからだ。厳しい鍛錬を。どうやって、ってことばで説明するのは難しい。キスを知るには、キスをするしかないんだ。

恋愛映画なんかを観ていたら、主人公とヒロインがラストシーン近くで唇をくっつけあって、よくはわからないけど舌をあっちこっちに動かしてるのを目撃したことがあるだろう。はじめてのキスでは、そこまでする必要はない。まだまだ人生は長いんだから、それは将来にとっておこう。ここでは、ごくふつうの、唇を合わせるキスのしかたを教える。あまり長いことやる必要はない。短い時間にとどめよう。あたりまえだけど、キスをするにはふたりの人間が必要だ。それは、おたがいが同意していないとできないってことだ。こんなふうに進めたまえ。

### 1― まずは許可を求める

ロマンチックではないが、これがもっとも安全で確実な方法だ。だがそのためには、正しいタイミングを待たなければいけない。ふたりきりで、雰囲気もよく、ってときをねらおう。ようするに、キスをするにはタイミングが大事ってことだ。OK？ たとえば、ふたりでピザをムシャムシャ食べて、チーズとトマトが口からたれていて、なんてのはいいタイミングじゃない。ジェラートを食べたあととか、ふたりで楽しい話をしたあととか、月明かりの下で散歩してたら、「あなたの目、すてきね」って言われたときとか。わかってきただろう？

### 2― 主導権をにぎること

けっしてあせらずに、落ち着いて行動しないといけない。そうすれば、相手の反応を観察する余裕が生まれる。正しいタイミングを待って、たとえばすてきな目だって言われ

たら、その子の手をとって、「きみの目もすてきだよ」って言おう。少しだけ、おたがいの距離が縮まる。また少し。また少し……。そしたら不思議なものだ。頭で考えるよりさきに、きみはキスをしているだろう。

## ミッション・コンプリート！

だれとキスをした？

うまくいった？

うまくいったなら、どうだった？

だめだったなら、どこまでいった？

**経験値**

危険にたち向かう力…＋**2**

ねばり強い忍耐力…＋**1**

コミュニケーション力…＋**3**

**ミッションに必要な日数**

**1**

# 小さい子にごはんを食べさせよ

もういちど、子どもの面倒をみてみよう。今回もなかなかやっかいなことになるだろう。たぶん、あの超難関、おむつミッションよりも。だが今回は、もう少し大きい子が相手だ。ひとりで何かを食べるようになったくらいの年齢の子だ。食べるものと道具は？　これはその子の親に任せよう。ほんとうの仕事は、やってみたらわかるが、食べものを用意することなんかじゃない。手順はこうだ。

1— まずなによりも、その子となかよくなること。あいさつしたり、軽くほっぺにキスしたり、いっしょに遊んだりしてね。

2— ごはんが準備できたら、食事用のイスにその子を座らせよう。

3— よだれかけをかける。きみも、エプロンなどをつけておこう。準備はいいか？ 災難は近づいてる。

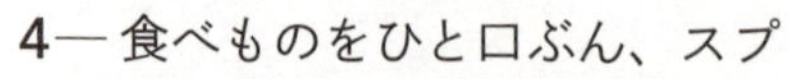

4— 食べものをひと口ぶん、スプーンですくい上げる。熱くないか、確かめて！

5— ゆっくり、ゆっくりと、ひと口めを口に運ぶ。できたら、二口め、三口めと続ける。よっぽど不運でないかぎり、ここまではとてもスムーズに進むだろう。おなかがすいた子どもは、喜んでごはんを食べてくれるからだ。

6— 子どもがあきてほかのことをしはじめるか、食べるのをイヤがりはじめるのに、そんなに時間はかからない。きみの頭脳をフル回転させるのはここだ。お話をしたり、歌ったり、スプーンを飛行機とかワニとかに見立てて遊んだりする。最悪の場合も覚悟しておくように。食べものが宙を飛びはじめ、それを必死でよけるような事態も。

7— 子どもにじゅうぶんなごはんを食べさせることができたら、急いでまわりをきれいにして、この一大事を一日中続けなくていいことを、心から感謝したまえ。

戦(たたか)いの前後の、きみとその子の絵をかこう。

**経験値(けいけんち)**

危険(きけん)にたち向かう力…＋ **1**

ねばり強い忍耐力(にんたいりょく)…＋ **2**

コミュニケーション力…＋ **2**

**ミッションに必要(ひつよう)な日数**

**1**

ミッション
41

## 食べものをこおらせて、解凍せよ

冷凍庫は、人類が発明した家電製品のなかで、もっとも奇跡的なもののひとつだ。放っておけばすぐに悪くなってしまうものを、何週間も、何か月も、場合によっては何年も新鮮なまま保存することを可能にしてくれる。

今回のミッションは、食べものをこおらせて、解凍して、食べることだ。生のものでも火を通したものでも、冷凍庫はこおらせることができる。ただし例外として、冷凍庫に入れると、爆発してしまうものもある。たとえば卵、缶ビールや炭酸飲料、瓶に入った飲みもの（ワインとか）なんかだ。オススメはしないが、どうなるのか見てみたいという場合はやってみたまえ。ただし、惨劇の後始末はちゃんとすること。

今回はパスタソースで試してみよう。ミッション30でつくったものがあるかな。

**第1段階**

1— つくりたてなら、冷ます。

2— プラスチック容器につめる。大きすぎず、ふたがしっかり閉まるものがいい。

3— 「秘密のソース」とか書いたラベルを貼る。日付も忘れずに。

4— 冷凍庫に入れて、3か月保存しよう。

**第2段階**

解凍するには、つぎの3つの手順をふむこと。

1— 冷凍庫から冷蔵庫に移して、24時間放っておく。

2— 容器ごと冷たい水に入れる。30分ごとに水を交換しよう。2時間も経てばいいだろう。

3— 耐熱容器に移しかえて、電子レンジに入れる。「解凍」ボタンをおして温めよう。

冷凍庫からとり出したソースは、そのままにしておいたり、お湯で解凍しちゃいけない。有害な菌が繁殖する可能性があるんだ。あまく見るな！

無事に解凍できたら、フライパンや鍋でアツアツにして、パスタにかけて食べよう！

## ミッション・コンプリート！

こおらせる容器に貼ったラベルをはがして、ここに貼りつけよう。

**経験値**

道具をあつかう力…＋ **2**

家のなかで生きぬく力…＋ **2**

**ミッションに必要な月数**

**3**

# 山に登れ

何時間も苦労して山を登り、頂上に立ったときの満足感は、とてもことばでは言いあらわせない。そこからの景色をながめるだけで、どんな苦労も報われる。だがそれを味わうためには、まず、登るべき山を見つけないといけない。

なにもエベレストに登れって言ってるんじゃない。きみが登れる山でなくちゃいけない。スパイの助けも借りて、ごく短時間で頂上まで登れる、そんなに険しくない山を見つけるのだ。

いちばんいいのは、きみと同い年くらいの登山グループに参加して、いっしょに登ることだ。そうでなければ、自分で登山の計画を立てて、きみのスパイか、親か、いっしょに行ってくれる仲間と登ろう。ぜったいにひとりでは登らないこと。

あとはかんたんだ。地図と、じゅうぶんな食料と水を持って、適切な靴と服装で山道をせめるのだ。休憩はとっていいが、いったん出発したからには途中であきらめちゃいけない。もう無理だって思う瞬間もあるだろう。でも、きみにはきっとできる。頂上に着いたら、腕を広げて深呼吸をして、喜びに身をゆだねる。世界の王さまか女王さまになった心地がするだろう。

## ミッション・コンプリート！

きみが登った山の名前は？

何時間かかった？

登山の最中にあったおもしろいことは？

**経験値**

危険にたち向かう力…＋**2**

ねばり強い忍耐力…＋**2**

人を気づかう力…＋**2**

**ミッションに必要な日数**

**1～3**

# 望遠鏡で土星を見るべし

世界ではじめて土星の輪っかを見たのはガリレオ・ガリレイで、4世紀以上もまえ、1610年のことだ。でも、いまやきみにも手が届く体験だ。きみに必要なのは望遠鏡だけ。友だちのなかに、宇宙オタクのおじさんがいる子はいないか？　聞いてみるのだ！

**1**―まず、星空について知ろう。インターネット上にはたくさんの地図がある。グーグルで「星図」や「星座表」を検索してみたまえ。出てきた星図には、じつにたくさんの星座がのっているはずだ。星座というのは、いくつかの星をつないで特別な形を表したもので、「はくちょう座」とか「りゅう座」とか、いろいろある。もっといいのは、スマートフォンで「スカイ・マップ」っていうアプリをダウンロードすることだ。いずれにしても、空を見上げて、手元の星図と見くらべてみよう。

**2**— 土星を探す。肉眼でも見えて、ひときわ強くかがやく惑星のひとつだ。惑星というのはすごく明るくて、毎晩少しずつその位置を変えている。だからいま、どのあたりに見えるかを調べておかないといけない。とはいえ、土星は地球からとても遠いので、ある晩見つけたら、つぎの晩もだいたい同じ位置にあるだろう。これが土星を見つけるヒントだ。まず手はじめに、グーグルで「土星の位置」って検索してみよう。

**3**— 望遠鏡を用意する。夜になったら、場所を固定して、高さを調節して、レンズをのぞく。暗くて何も見えない？　レンズのキャップがつけっぱなしだ！　見えたらピントをしっかり合わせる。望遠鏡の向きを上下左右に調節するやり方も覚えよう。どうだ？　きみが見ているその星は、ほんとうは何億㎞もはなれたところにあるんだ。月を見つけたら、クレーターも見てみよう。幻想的だろう？　ガリレオも同じように感じたんだ。

**4**— 望遠鏡を土星の方向に向けよう。すぐに見つからなくても、あきらめちゃいけない。土星の明るい光が見つかるまで、ゆっくり、ゆっくりと向きを変える。多少の時間と根気が必要かもしれない。光が見えたら、ピントを合わせよう。輪っかをかぶった小さな光が見えるはずだ。大発見！

最初に観察した日付は？　　時間は？

------------------------------　　------------------------------

どこで見た？

------------------------------------------------------------

土星はどんなだった？　絵をかいてみよう。

**経験値**

ゼロから生みだし、楽しむ力…＋**1**

ねばり強い忍耐力…＋**1**

道具をあつかう力…＋**2**

**ミッションに必要な日数**

**10〜15**

ミッション
44

# 5つの国の料理を味わえ

カンボジアでは、クモを油であげたものを食べる。オーストラリア人は「ウィチェッティ・グラブ」っていう親指くらいの大きさのガの幼虫が大好物だ。アイスランドに行けば、くさったサメを味わえる。土のなかに何か月もうめて、発酵させたヤツだ。多くの国ではタコやイカを生きたまま食べる。まだ足が動いてるのに！（日本にも「活き造り」や「おどり食い」がある。）

そこまでしろとは言わないが、秘密諜報員なら、なんでも食べることができないといけない。感情を少しも見せることなく、むしろ、それをつくった人に感謝しながら。まずはひとくち、口に入れてみよう。必要なのは、冒険心と好奇心。つまり、新しいことに挑戦する気持ちだ。わからないぞ？ 食べてみれば、クモはそんなにまずくないなって思うかもしれないんだから！

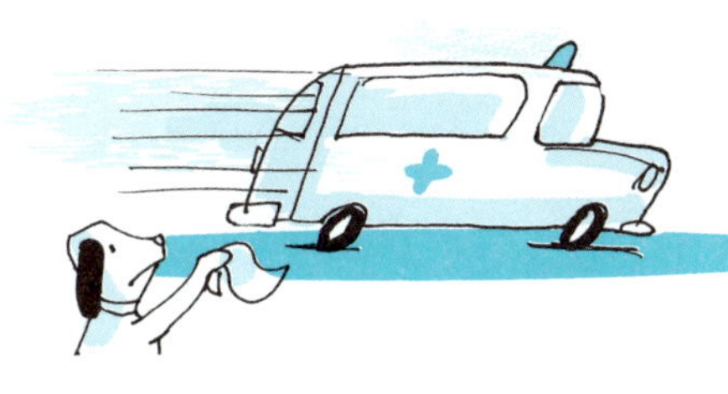

舌や鼻の感覚に集中して、その食べものを、きみがすでに知っている味とくらべる。その料理がさすようにからくて、のどの奥で火山が噴火しているみたいなときは、水よりもパンのほうが特効薬だ。覚えておこう。

しかしもっとも大事なことは、その料理がとてもおいしいかのようにふるまうことだ。たとえじっさいは、はき気を必死でこらえていたとしても。もしがまんできなくて、はき出しそうなら？ まあしょうがないが、なるべく人前ではやめておきたまえ……。

このミッションは、いちどにやろうとすると少々キツいので、胃袋と相談しながら挑戦すること。レバノン料理の店でごはんを食べたとき、メキシコ料理をテイクアウトしたとき、きみの父さんがタイカレーをつくったとき、ロシア人の友だちの家に遊びにいったとき、どこかを旅しているとき。どこで、どんなタイミングで食べたとしてもかまわないが、できるだけいろいろな国のバラエティに富んだものを食べよう。ただし、ひとつだけ。すでに食べたことがあったり、知っていたりする料理（ハンバーガーなど）はカウントしないこと。

きみが達成した偉業の足跡を残そう。

| 国 | 料理名 | 見た目のまずそう度 | じっさいのまずかった度 | どれだけ食べられた? |
|---|---|---|---|---|
| | | 1 2 3 4 5 | 1 2 3 4 5 | % |
| | | 1 2 3 4 5 | 1 2 3 4 5 | % |
| | | 1 2 3 4 5 | 1 2 3 4 5 | % |
| | | 1 2 3 4 5 | 1 2 3 4 5 | % |
| | | 1 2 3 4 5 | 1 2 3 4 5 | % |

**経験値**

敵のなかで生きぬく力…+**2**

危険にたち向かう力…+**2**

ねばり強い忍耐力…+**1**

**ミッションに必要な日数**

**5**

# すみからすみまで新聞を読め

大人についてすべてを知りたい秘密諜報員にとって、新聞は必要不可欠な情報のかたまりだ。どれだけ解読が難しかったとしても。今回のミッションは、がまんできないくらい退屈で、かなりハードルが高いだろう。だけどきっと、この複雑な情報世界を乗りきる力をあたえてくれるはずだ。

新聞を用意したまえ。スポーツ雑誌や、地下鉄で無料で配られてるようなのじゃなく、ほんものの新聞を。たとえば、「読売」「朝日」「毎日」「産経」……、このあたりだ。家になかったら、キオスクやコンビニに行って1部買ってこよう。

残りの作業はシンプルだ。すべてを読む。1面の見出しから、最後の文章の最後の１語まで、もちろん広告もぜんぶだ。読んだことは理解するように努力しよう。きみのスパイに説明してもらったり、わからないことばをウィキペディアやほかのサイトで調べたりしながら。スポーツ面、科学面、文化面なんかはまだわかりやすい。政治面、経済面なんかは複雑だ。

わからないことがあっても、心配せずに読みすすめよう。書いた大人ですら、よくわかってないときがあるんだから！

## ミッション・コンプリート！

読むのにどのくらい時間がかかった？

途中で何回ねむっちゃった？

好きだった部分は？

イマイチだった部分は？

いちばんわからなかったのは？

**経験値**

敵のなかで生きぬく力…＋**1**

ねばり強い忍耐力…＋**2**

コミュニケーション力…＋**1**

**ミッションに必要な日数**

**3～5**

（途中で何回ねむってしまうかしだい）

ミッション
46

# 家系図(かけいず)をつくれ

家系図っていうのは、きみの家族や親戚(しんせき)の血縁関係(けつえんかんけい)を表した系統樹(けいとうじゅ)だ。とんでもなく大きな家系図をつくれば、世界中の人間との血のつながりを明らかにすることもできるだろう。いちばん仲(なか)のいい友だちや、メッシやビヨンセみたいな有名人、ダ・ヴィンチやクレオパトラみたいな歴史上(れきしじょう)の偉人(いじん)との関係(かんけい)でさえ！　だが、今回のミッションでは、ひとまず、ひいひいじいちゃん、ひいひいばあちゃんまでさかのぼってみよう。

**1**— 大きな紙を1枚(まい)用意して、水平に広げる。紙のいちばん下の左右真ん中あたりに、自分自身を示(しめ)す小さな記号を書こう。きみが女なら丸、男なら四角だ。その下に「自分」って書く。

**2**— きょうだいがいたら、自分のとなりに書く。これも、女な

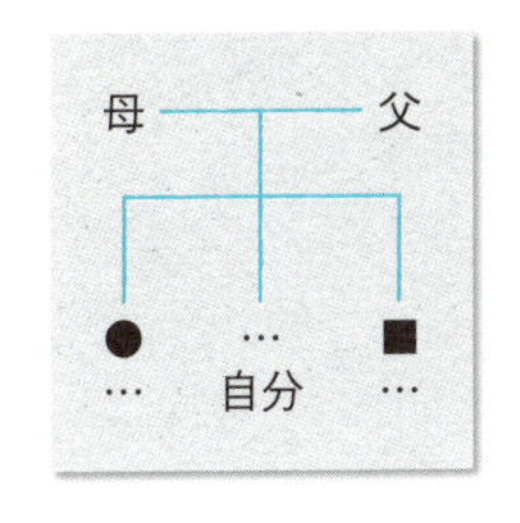


ら丸、男なら四角だ。その下に名前を書いておく。できたら、それぞれの人物から真上に線をのばして、それらを横線でつなげる。くしを下向きにしたみたいな感じだ。

3— その「くし」の真ん中から上向きに線を引く。そして、その線の上の端にくっつけて横線を引く。アルファベットの「T」みたいな感じだ。その横線の両端が、きみの父親と母親だ。ふたりにきょうだいがいたら、同じ高さに書きたしていく。きょうだいどうしは同じようにつないで、上に線をのばして、祖父と祖母を書きたす。もし、ほかにも親がいたり、両親のどちらかが再婚で、ほかにも子どもがいるって場合は、それも書く。だんだん複雑になってくるぞ。

4— 祖父や祖母のきょうだいもわかれば、すべて書きたす。

5— できあがったら、どれだけの年月をさかのぼれたか、確かめてみたまえ！　たぶん、途中で書く場所が足りなくなったり、とんでもなくごちゃごちゃになったりするはずだ。その場合は、新しい紙にもういちどはじめから書きなおそう。

6— 家系図をつくりながら、家族や親戚について、聞きとり調査するといい。どこで生まれたのか、何をしたのか、その他たくさんのおもしろいエピソード。やがてここに名を連ねる未来のだれかのために、ちゃんと書きのこしておこう。

## ミッション・コンプリート!

きみの家系図を省略して、小さくここにかこう。

| 経験値 | ミッションに必要な日数 |
| --- | --- |
| ゼロから生みだし、楽しむ力…＋**2**<br>コミュニケーション力…＋**2** | **3〜5** |

# ダンスをおどれ

ダンスは秘密諜報員のたしなみだ。ウソじゃない。かれらはじつにうまくダンスをおどる。ただあっちこっちへはね回るんじゃなくて、魅力的なステップでパートナーをうっとりさせるんだ。今回のミッションには仲間の諜報員か、きみといっしょにダンスをしてみたいっていう友だちが必要だ。

きみは少なくとも3つのダンスのステップを覚えないといけない。プロのダンサーになる必要はないが、パーティーでだれかとおどったりするときには、さりげなくリードしてあげないといけないぞ。どうやって習うかって？　運がよければ、きみのスパイにダンスの心得があるかもしれないし、ほかにも教えてくれる人がいるかもしれない。ダメなら、ユーチューブで検索しよう。たとえば「タンゴのおどり方」っていう感じで。

まずはじめに、音楽はかけずにステップだけをやってみる。それができるようになったら、音楽をかけて、リズムに合わせてやってみよう。最初からうまくできるかなんて心配しなくていい。20分か30分も練習すれば、きっとじょうずにおどれるようになる。

ダンスの種類を書いておくから、どれでもやってみたまえ。バロック、ワルツ、フォックストロット、フォーク、チャールストン、スウィング、ロックンロール、ディスコ、ヒップホップ、カリプソ、メレンゲ、フラメンコ、タンゴ。

## ミッション・コンプリート！

きみが覚えたダンスの名前は？

**経験値**

敵のなかで生きぬく力…＋**2**

ねばり強い忍耐力…＋**1**

コミュニケーション力…＋**1**

ゼロから生みだし、楽しむ力…＋**2**

危険にたち向かう力…＋**1**

**ミッションに必要な日数**

**60**

（ひとつのダンスにつき20日）

# 美術館（博物館）にひとりで行け

きみは美術館（博物館）についてよく知っている。親といっしょに、または学校の課外授業で、すでに行ったことがあるだろう。だが今回は、ひとりで行く。しかも本気で。

好きな美術館を選んでそこに行き（きみのスパイに入り口までは連れていってもらってもいい）、チケットを買って入ろう。ひとりでだ。集中しろ！　興味深いものがたくさんある。美しいものも、おかしなものも。なぜそれらはそこにある？　だれがそこに置いた？　いつ？　大事なのは、きみがいるその美術館こそが、美術館にあるすべてのものよりも重要だと理解することだ。もっとも高価なものを探して、頭のなかで、それをぬすみ出すうまい作戦を立ててみる。いちばん大きいもの、いちばん小さいもの、いちばん新しいもの、いちばん古いものの目星をつけよう。首尾よくいただくイメージができたら、美術館にあるカフェに入って、何か飲もう。いい仕事をしたあとの一杯は格別だぞ！　さあ、ほかの美術館にも行きたくなっただろう？

## ミッション・コンプリート！

どの美術館に行った？

何が好きだった？　それはなぜ？

何を家に持ってかえろうとした？

いちばんわけがわからなかったのは何？

**経験値**

ゼロから生みだし、楽しむ力…＋**1**

ねばり強い忍耐力…＋**1**

人を気づかう力…＋**1**

**ミッションに必要な日数**

**1**

# あこがれの人に会いにいけ

きみの大好(だいす)きな有名人はだれだ？　俳優(はいゆう)、歌手、ミュージシャン、作家、漫画家(まんがか)、アーティスト、映画監督(えいがかんとく)……、かれらに会ってみたくはないか？　そして、かれらといっしょに写真をとってみたくはないか？

あこがれの人の名前を書きだして、そのなかのひとりに、どうやったら会うことができるのか、考えよう。どこに住んでる？　何をしてる？　きみの住む町の近くに来たりはしないか？

かれらに会うためのヒントを教えよう。

**作家**

かれらのホームページをのぞいてみて、きみの家の近くでおこなわれるイベントに出演する予定がないか、調べよう。その人が書いた本を１冊持っていくのを忘れちゃいけない。サインをもらうためにï¼

### ミュージシャン

かれらのライブにいって、「出待ち」しよう。この作戦には、長い時間と根気が必要だ。でもうまくいったら、夢のような時間が待ってるぞï¼

### 俳優やテレビに出てる有名人

かれらは、会うのがもっとも難しい種類の人間だ。有名であればあるほど。でも、公開収録やイベント、劇場公演に出演していたりすれば、観にいけるはずだから、そこをねらおう。もうひとつ可能性がある方法は、かれらのEメールアドレスか住所を調べて、サインをくださいって、手紙でお願いすることだ。

どの作戦を選んでもいいが、いずれにしても、礼儀正しく、尊敬の心を忘れずに接すること。有名人たちには多くのファンがいて、サインをしたり写真をとられたりすることに少々つかれているものだ。いちばん会いたい人に会うのがかなわなかったら、もう少し会いやすそうな人でチャレンジしてみよう。た

とえば、きみが好きな演劇やミュージカルを観にいったとき、俳優が楽屋に帰るときを待って、「とてもおもしろかったです！サインしてください！」ってたのんでみるんだ。

## ミッション・コンプリート！

だれに会えた？

サインをもらうか、写真をいっしょにとることに成功したら、そのコピーを貼りつけよう。

**経験値**

敵のなかで生きぬく力…＋**1**

ねばり強い忍耐力…＋**2**

コミュニケーション力…＋**2**

ゼロから生みだし、楽しむ力…＋**1**

**ミッションに必要な日数**

**5～10**

ミッション
50

# 朝日がのぼるまで、ねむるな

どうしてそんなことをしなければいけないのかって？　もちろん、自分がそれをできるってことを証明（しょうめい）するためだ！　このミッションに挑戦（ちょうせん）するのは、夏をオススメする。なぜなら、昼が長くて、夜が短い。夏休み中なら最高（さいこう）だ。つぎの日に学校で、いねむりしなくてすむ。仲間（なかま）の諜報員（ちょうほういん）や、兄ちゃん姉ちゃんがいっしょなら、もっといい。なぜなら、ひとりでひと晩中（ばんじゅう）起きてるのは、とても難（むずか）しいからだ。

その夜にやろうと思っていることをいくつかまとめておこう。もしひとりなら、おもしろい本を何冊（なんさつ）か読んだり、「スター・ウォーズ」シリーズをまとめて観（み）たり、テレビゲームをしたりしよう。だけど、楽しいのはやっぱり、だれかといっしょに過（す）

ごすことだ。カードゲームをしたり、おもしろい話やこわい話をしたりできるし、ねむってしまいそうになったら、おたがいにビンタをして起こしてやることもできる！

「日の出時間」を検索して、朝日がのぼる時間を知ろう。太陽が水平線から頭を出したら、ミッションは終了。おねんねの時間だぞ！ 新鮮な空気を吸って、休息をとりたまえ。

## ミッション・コンプリート！

朝日を見たときにきみが言った、最初のことばを書こう。

**経験値**

人を気づかう力…＋**1**

ねばり強い忍耐力…＋**2**

ゼロから生みだし、楽しむ力…＋**1**

**ミッションに必要な日数**

**1〜5**

## では、いよいよ最後のミッションだ！

50のミッションすべてをクリアしたなら、きみ自身がミッションをひとつ、つくるのだ。大人のことを知るために、ほかにどんなミッションに挑戦したい？　秘密諜報員がいどむべきミッションには、どんなものがあると思う？　よし、ここに書いて、それを自分でやってみたまえ。

できたら、つぎは仲間の諜報員にもやらせてみよう。かわりに、その仲間が考えたミッション51にきみが挑戦する。それをクリアできたとき、きみはようやく真の秘密諜報員と名乗ることができるだろう。

ここに書こう。

## ミッション・コンプリート!

そのミッションは、どんなだった？

経験値（けいけんち）

…＋

…＋

…＋

ミッションに必要（ひつよう）な日数

# 世界の偉大(いだい)なスパイたち

きみはどのタイプ？

このページを読んでいるということは、きみの秘密諜報活動は終わりを告げたということだ（10ページを見よ）。

いったい、なぜ？　ある夜、ホグワーツ行きの切符を持った白いフクロウが部屋の窓をノックしたから？　一度じゃなく、何度も？　ミッション28で壁をぶち破ってしまったので、父親に家からたたき出されたから？　おもしろそうなミッションをすべてやってしまったから？

いずれにしても、きみがどういうタイプの秘密諜報員なのかを知るときがきたってことだ。しかし、名誉と栄光は秘密諜報員には無縁のものだと覚えておきたまえ。すぐれた秘密諜報員は人知れず活動し、たいていは世間に名前すら知られていないものだ。しかし、以下の者たちは偉業を成しとげたがゆえに、その名が知られている。きみと同じスタート地点から出発して、とんでもない偉業をね。

**●どの経験値も小メダルがふたつ以上ある**

きみは諜報員シュヴェクラータイプだ。彼は「スイスナイフ」の異名をもち、いかなるときも、あらゆるミッションに参加した。すべての技術をまんべんなくもっていた男。

**●「道具をあつかう力」と「家のなかで生きぬく力」で大メダルを獲得した**

きみは諜報員X9タイプだ。彼女は謎の中国人ハッカーで、自分の部屋から一歩も出ることなく、世界中のあらゆる人間の情報を探りあてることができた。

**●「家のなかで生きぬく力」「敵のなかで生きぬく力」「ねばり強い忍耐力」「危険にたち向かう力」のなかで、少なくとも3つの大メダルを獲得した**

きみは「難攻不落」の異名をとった諜報員クランクタイプだ。体中に多くの傷跡があり、両足にボルトが入っていて、とくにサメにやられた大きな傷が特徴だが、96歳になったいまでも現役で活動中だという。

**●「ゼロから生みだし、楽しむ力」で大メダルを獲得した**

きみは諜報員オルテガタイプだ。「ミスター詐欺師」と呼ばれ、人を笑わせるのが天才的に得意だった。壁の額縁の後ろのかくし金庫を、持ち主の大臣を死ぬほど笑わせているあいだに開けてしまったこともあるくらいだ。その大臣は、すぐに笑いがこおりついたので、死なずにはすんだ。

**●「人を気づかう力」と「コミュニケーション力」で大メダルを獲得した**

きみは「外交の女王」と呼ばれたフォルテ・ピアタイプだ。彼女の外交能力と、心をゆさぶる最高のもてなしで、7回の戦争と2回の侵略が回避された。

**●なくしちゃったか、犬に食べられたか、とにかくメダルをひとつも持ってない**

きみは「なまけもの」ペドリーノタイプだ。とはいえ、彼はたぶん、いままでにいたすべての秘密諜報員のなかでもっとも優秀といえる。危険な任務を回避する言い訳を、つねに思いついたのだから。

**●8つの大メダルをすべて獲得した**

おめでとう。きみは50のミッションをすべて成しとげた。きみは諜報員ゾットタイプだ。彼は自分の任務を完璧にこなすだけでなく、仲間の諜報員も助け、ときには敵にまで手を貸し、ボスをおこらせていた。世界はきみのものだ！

**●どれにもあてはまらない**

信じられない！　きみは諜報員ウォシャウスキータイプだ。彼はスパイの歴史上もっとも謎に包まれた存在だ。彼がどうやって任務を完遂していたのか、いまだにだれも明らかにできていないんだ。それなのに、いや、だからこそ、彼は伝説になった。

## 親愛なる秘密諜報員へ

ようこそ、大人の世界へ。きみがこの手紙を読んでいるということは、すべてのミッションを終えて、大人の世界へ足をふみ入れたということだ。

この本の作者であるぼくたちは、この広い大人の世界のどこかにいる。きっとどこかで、ぼくたちは出会うだろう。みんなが楽しんでる（またはタイクツしてる）パーティーですれちがう。公園で本を読んでいるとき。地下鉄で音楽を聞いているとき。それか映画館のなかかな。悪役が「ルーク、わたしはおまえの父親だ」って言ったときに笑ってるのがぼくたちかもしれないし、アニメのラストシーンで涙を流してるのがそうかもしれない。だけど、どこで出会ったとしても、ぼくたちは、きみがぼくたちのことをわかってくれるって知っている。

なぜわかるかっていうと……、えっ？　ぼくたちの秘密の身分証明書を拾った？　うん、たしかにそれはぼくたちのだ。けさ洗濯機につっこんだズボンのポケットに入れっぱなしかと思っていたんだが（きみたちはもう洗濯機を使えるよね！）。……オホン、なぜぼくたちのことをわかるかっていうと、ぼくたちはいつも笑ってるからだ。笑ってる顔を見かけたら、それがぼくたちだ。なぜなら、それがどこで、何をやっていたとしても、ぼくたちは最高に楽しい任務の最中なんだから！

ピエルドメニコ・バッカラリオ

エドゥアルド・ハウレギ

著者紹介

## ピエルドメニコ・バッカラリオ

1974年、イタリア、ピエモンテ州生まれ。児童文学作家。高校時代より短篇の創作をはじめる。15日間で書きあげた『La Strada del Guerriero（戦士の道）』で1998年にデビュー。以降、数々のベストセラーを世に送りだす。謎解き冒険ファンタジーである『ユリシーズ・ムーア』シリーズ（学研プラス）は、世界数十か国で翻訳されている。『コミック密売人』（岩波書店）で2012年度バンカレッリーノ賞受賞。共著に本書の姉妹編『13歳までにやっておくべき50の冒険』（小社刊）がある。

## エドゥアルド・ハウレギ

1971年、イギリス、オックスフォード生まれ。作家・心理学者。遊びに笑いにお祭りさわぎが大好きな家族と、幼少期をマドリッドやロサンゼルスなどで過ごす。ユーモアの心理学に精通し、大学で教えながら、小説・映画・広告などの分野で活躍。つねに挑戦を楽しみ、宇宙飛行士になる日を夢見る。『Humans on Trial（裁かれる人間たち）』ほか、著書多数。『The Most Wonderful Story Ever Written（すばらしき物語）』は、9歳から99歳までの少年少女のための冒険ファンタジー。

イラストレーター紹介

## アントンジョナータ・フェッラーリ

1960年、イタリア、ロンバルディア州生まれ。長年、アニメ映画制作にたずさわったのち、児童書のイラストを担当するようになる。2007年、もっともすぐれたイラストレーターとしてイタリア・アンデルセン賞を受賞するほか、さまざまな有名コンクールで受賞多数。現在、イタリア児童文学の分野では、もっともよく知られたイラストレーターのひとり。日本語訳の絵本に『こころやさしいワニ』（岩崎書店）がある。

## 訳者紹介

**有北雅彦**（ありきた・まさひこ）

1978年、和歌山県生まれ。作家・演出家・翻訳家・俳優。大阪外国語大学でイタリア語を学ぶ。また、在学中にコメディーユニット「かのうとおっさん」を結成。映画や演劇などイタリアの文化的お宝を日本に紹介する「京都ドーナッツクラブ」のメンバーとしても活躍中。
訳書に『13歳までにやっておくべき50の冒険』（太郎次郎社エディタス）、ドーナッツクラブ名義の訳書としてはシルヴァーノ・アゴスティ『見えないものたちの踊り』（シーライトパブリッシング）などがある。


**モテる大人になるための50の秘密指令**

2018年2月8日　初版印刷
2018年2月28日　初版発行

著者　ピエルドメニコ・バッカラリオ
　　　エドゥアルド・ハウレギ
イラスト　アントンジョナータ・フェッラーリ
訳者　有北雅彦
デザイン　新藤岳史

発行所　株式会社太郎次郎社エディタス
東京都文京区本郷3-4-3-8F　〒113-0033
電話 03-3815-0605　FAX 03-3815-0698
http://www.tarojiro.co.jp/
電子メール tarojiro@tarojiro.co.jp

印刷・製本　大日本印刷
定価　カバーに表示してあります
ISBN978-4-8118-0827-7　C8075





Original title: Il Manuale delle 50 missioni segrete per sopravvivere nel mondo dei grandi
by Pierdomenico Baccalario and Eduardo Jáuregui, Illustrations by AntonGionata Ferrari.
First published in 2017 by Editrice Il Castoro, viale Andrea Doria 7, 20124 Milano (Italia)
www.castoro-on-line.it
Graphic layout: Dario Migneco / PEPE nymi - Art director: Stefano Rossetti

「ここと190ページをセロテープで貼りあわせる

表紙（187ページ）

道具をあつかう力

敵(てき)のなかで生きぬく力

家のなかで生きぬく力

ねばり強い忍耐力(にんたいりょく)

人を気づかう力

コミュニケーション力

ゼロから生みだし、
楽しむ力

危険(きけん)にたち向かう力

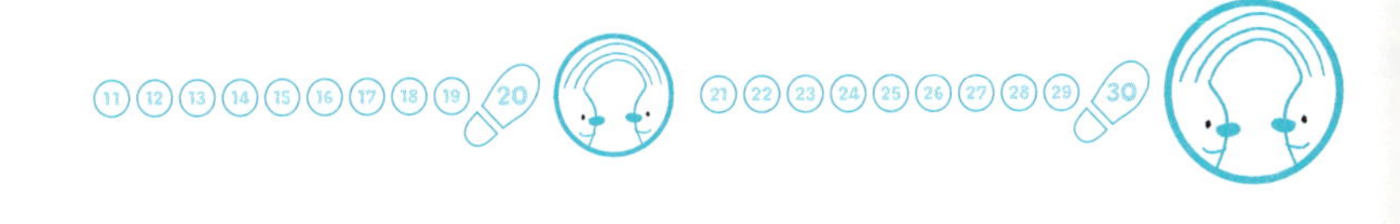

# 秘密の情報

コードネーム

秘密基地

旗

スローガン

テーマソング

「ここと187ページをセロテープで貼りあわせる

裏表紙（190ページ）

## 任命書の記入例

私、きみのコードネーム は、

仲間の諜報員のコードネーム を

仲間の諜報員として任命する。
また、すべてのミッションにおいて私に協力してくれると信頼するものである。

署名 きみのコードネーム

---

私、……………… は、

……………… を

仲間の諜報員として任命する。
また、すべてのミッションにおいて私に協力してくれると信頼するものである。

署名 ………………

※ただし、以下のときは協力できないものとする。1.病気のとき　2.親に監視されて外出できないとき　3.バカンス中　4.おなかが痛くてトイレにこもっているとき

---

私、……………… は、

……………… を

仲間の諜報員として任命する。
また、すべてのミッションにおいて私に協力してくれると信頼するものである。

署名 ………………

※ただし、以下のときは協力できないものとする。1.病気のとき　2.親に監視されて外出できないとき　3.バカンス中　4.おなかが痛くてトイレにこもっているとき

---

私、……………… は、

……………… を

仲間の諜報員として任命する。
また、すべてのミッションにおいて私に協力してくれると信頼するものである。

署名 ………………

※ただし、以下のときは協力できないものとする。1.病気のとき　2.親に監視されて外出できないとき　3.バカンス中　4.おなかが痛くてトイレにこもっているとき

192ページ